Sommaire

Préface

La succession des votes populaires ces dernières années et l'évolution des relations internationales bouleversent l'environnement des États et des entreprises. La Grande-Bretagne quitte l'Union européenne avec le Brexit. Les États-Unis abandonnent les engagements des accords de Paris issus de la COP21 et décident de se retirer de l'accord nucléaire de 2015. L'Allemagne, confrontée à la question démographique en 2060 (les plus de 65 ans représenteront alors quasiment le tiers de la population) et à un taux de chômage à peine supérieur à 6 %, se démarque de ses voisins européens pour l'accueil des migrants. Toutes ces décisions des gouvernements ont non seulement affecté le vote des citoyens mais également les politiques mises en place. Elles ont aussi, et de manière importante, affecté les stratégies et les investissements des entreprises.

Les États se mobilisent pour gérer ces nouveaux risques géopolitiques et alternent, au gré des gouvernements, les décisions pour aider leur économie et les populations à s'y adapter ou s'y opposer. Les entreprises y sont aussi confrontées. Le Brexit en oblige certaines à changer de localisation et à redéployer leurs investissements. Pour d'autres, ce sont les tensions internationales qui menacent leurs positions commerciales et leur présence même sur les marchés. Ainsi le constructeur automobile PSA, confronté à la décision américaine vis-à-vis de l'Iran, pourrait perdre 15 % de son activité mondiale en suspendant ses activités dans le pays.

Mais au-delà du risque géopolitique, l'univers concurrentiel est profondément bouleversé dans la majorité des secteurs d'activité par l'arrivée de nouveaux acteurs : Airbnb transforme le secteur de l'hôtellerie, Uber modifie les comportements des clients, Amazon impose aux distributeurs de faire évoluer leur modèle économique. À ces bouleversements de l'univers concurrentiel s'ajoute l'impact des réglementations qui évoluent ou des décisions politiques qui peuvent ébranler les modèles économiques des entreprises – et parfois même imposer l'arrêt de l'activité. C'est le cas par exemple des Pays-Bas qui ont décidé de fermer les centrales à charbon à l'horizon 2030 alors qu'elles assurent encore 40 % du mix énergétique du pays.

Dans cet environnent politique, économique et social si incertain et si instable, les entreprises, les États et les territoires doivent coopérer. La plupart des États et des territoires l'ont parfaitement compris et s'attachent à mobiliser les entreprises afin qu'elles s'engagent en faveur de l'environnement, de l'emploi, et plus largement du développement économique et social local. C'est l'objet de la mission « Entreprise et intérêt général » du rapport Notat-Senard de mars 2018 en France, dont les propositions vont nourrir la loi Pacte (plan d'action pour la croissance et la transformation des entreprises). Les États ne sont d'ailleurs pas les seuls à se mobiliser. Les Nations unies ont engagé, dès 2015, un plan d'action pour les populations, la planète et la prospérité : l'Agenda 2030 du développement durable. Tous les acteurs – États, organismes publics, société civile et structures privées – doivent travailler de concert pour « lutter contre les inégalités, l'exclusion et les injustices, faire face au défi climatique et enfin, mettre fin à l'extrême pauvreté ».

C'est une chance donnée aux acteurs de l'économie de se mobiliser pour l'humanité et une opportunité pour l'entreprise de contribuer au développement durable des territoires. Ce rôle, beaucoup d'organisations l'ont déjà compris et alignent leur raison d'être avec ces objectifs sociétaux : c'est l'objet de la certification B Corp. L'entreprise est devenue un espace stratégique, une communauté d'intérêts qui, en se transformant, influence les territoires et les États dans leur nécessaire adaptation à l'environnement.

Le dirigeant d'entreprise est porteur d'une responsabilité nouvelle. En transformant son entreprise, il contribue à faciliter et orienter la transformation des territoires au sein desquels il opère. Il concourt, par ses choix en matière d'organisation et les moyens qu'il donne aux salariés, à l'élévation du niveau de compréhension des enjeux et apporte l'expérience nécessaire à l'adaptation permanente et l'agilité – deux notions si recherchées dans l'entreprise et si utiles aux territoires qui gagnent !

Dans l'entreprise, le dirigeant mobilise trois leviers principaux : d'abord la vision qui permet d'inspirer et d'engager, puis le leadership et la culture qui favorisent l'alignement des intérêts et la cohérence des actions, et enfin l'organisation qui détermine le cadre agile dans lequel s'exécute la vision et qui permet à tous ses acteurs de jouer un rôle en pleine responsabilité. Et tout simplement de s'engager.

La technologie, l'accès à la connaissance, la rapidité à innover, la concurrence issue d'initiatives individuelles et le monde des start-up sont à la fois des contraintes et des opportunités. Le rôle qu'entendent jouer les salariés, les clients et les citoyens vis-à-vis des entreprises l'est tout autant. Cette complexité nouvelle impose aux organisations de s'adapter sans cesse. C'est donc pour le dirigeant qui s'en saisit une très belle opportunité que de faire appel à l'intelligence de tous ceux qui peuvent participer à la création de valeur globale.

Nous avons tous été influencés par des dirigeants qui mènent leur groupe au succès et savent faire partager une vision hors du commun, inspirante, tout en développant un leadership « authentique et distribué ». Ces entreprises se reconnaissent par la singularité de leur culture et de leur performance. Pour y parvenir, ils ont imaginé l'organisation qui permet au corps social de s'adapter et de progresser de manière continue, en interaction avec la transformation digitale et l'évolution de leur écosystème. L'organisation et le mode opératoire sont déterminants en ce qu'ils créent les conditions de l'engagement des salariés et des parties prenantes. C'est le courage et le mérite de l'ouvrage *La Révolution des organisations* d'observer, d'analyser et de proposer des pistes de réflexion pour orienter nos propres organisations, permettant ainsi à l'écosystème des entreprises de se transformer et de contribuer à la richesse des territoires sur lesquelles elles se développent. Quels défis !

Pierre Deheunynck
DGA Groupe Engie

Introduction

Dans la mémoire individuelle et collective, l'organisation est souvent associée soit aux réorganisations soit à la bureaucratie. Au travers des multiples réorganisations, les salariés et les managers finissent par ne percevoir l'organisation que comme une suite d'organigrammes qui se modifient ou encore comme la succession de plans de réduction de coûts aux conséquences négatives sur l'emploi et les environnements de travail. En tant qu'usager, client ou salarié, tout un chacun expérimente les organisations ou les modes de fonctionnement bureaucratiques et ses travers en termes de cloisonnement, de rigidité, de déresponsabilisation et d'initiatives étouffées par une hiérarchie pesante.

Lorsqu'il n'est pas source d'inquiétude ou d'irritation, le sujet de l'organisation ennuie. Il rappelle les archétypes des ingénieurs méthodes ou des experts cherchant à rationaliser les postes de travail et les modes opératoires ou à formaliser les processus, dans la perspective de toujours plus d'efficacité et de contrôle.

L'organisation, dans sa définition plus générique, entendue comme « un ensemble de personnes qui entreprennent une action collective à la poursuite d'une action commune »[1] est à l'inverse un sujet qui intéresse. L'organisation comme communauté de personnes plus que comme une structure, attire toute l'attention des dirigeants et inspire aujourd'hui une abondante littérature centrée autour du leadership et du management.

Pour autant il est difficile de se satisfaire de stéréotypes persistants sur l'organisation et de l'envahissement des seules approches managériales. Un angle mort existe sur la manière dont les entreprises, dans un environnement de plus en plus instable, font évoluer opérationnellement leur structure, leur mode de coordination, leur processus de décision et comment cette évolution se confronte à la culture et aux pratiques managériales existantes. C'est cette thématique de l'organisation, beaucoup moins tendance que celle centrée sur les seuls comportements et postures des managers, mais ô combien passionnante ! qui est l'objet de cet ouvrage.

Les développements qui vont suivre sont avant tout le fruit de nos expériences, celles du monde de l'entreprise tout d'abord où nous avons exercé de nombreuses années – pour Daniel, dans une position privilégiée à la direction de l'organisation et de la formation d'un groupe référent, le groupe Danone, connu pour son double projet économique et social – pour David un parcours international dans de petites ou grosses structures sur des fonctions opérationnelles et transversales dans différents secteurs de l'industrie et du service.

....

1 Henri Mintzberg, *Le Management : voyage au centre des organisations*, Eyrolles, 2004 (2e édition).

Par les expériences du monde du conseil ensuite, en accompagnant les entreprises clientes, dans leurs projets de transformation, sans modèle normatif préconstruit, nous avons conduit de nombreuses évolutions d'organisations dans des contextes très variés. À chacune de nos missions, nous nous sommes efforcés d'intégrer en amont de nos interventions, la dimension humaine et culturelle de l'organisation que ce soit en termes de compétences, d'impacts sur l'emploi, de capacités managériales ou de résistances au changement. Le champ observé est majoritairement celui de la grande entreprise du secteur privé concurrentiel car c'est sur ce terrain que se sont concentrées nos expériences professionnelles et nos missions de conseil. Toutefois, les modèles, schémas ou réflexions que nous décrivons dans cet ouvrage sont transposables à des problématiques de PME, d'institutions publiques ou d'organismes à but non lucratif.

C'est un lieu commun que de souligner que l'environnement des entreprises est bouleversé à un rythme accéléré par la vague technologique, la montée en puissance des entreprises plateforme, l'aspiration des populations à travailler autrement ou la demande sociale à l'égard des entreprises d'une meilleure prise en compte des défis sociaux et environnementaux. Pas une semaine sans une déclaration de dirigeant ou de responsable politique, sans la publication d'un rapport qui ne fasse référence à ces grandes mutations. Ce qui est moins courant, c'est de tenter de cerner en quoi ces mutations sont potentiellement porteuses, pour les entreprises, d'accélérations de transformations organisationnelles que ce soit en terme d'automatisation des modèles opérationnels ou d'émergence de nouveaux modèles d'entreprises conciliant progrès humain et performance durable (première partie).

Plus intéressant encore, est d'observer comment, dans la réalité, les grandes entreprises françaises font évoluer avant tout leurs structures centrales tout en cherchant à expérimenter de nouvelles manières de travailler (deuxième partie). L'orientation client, le mode projet, le processus d'innovation, et les fonctions support « business partner », avaient incarné au cours des années 1990-2000 la modernité des configurations organisationnelles. Nous posons que le mode agile, la centricité clients, l'innovation par les communautés et la réinvention des fonctions support constituent les nouvelles dynamiques organisationnelles et les ferments de la transformation de l'architecture des entreprises (troisième partie).

Forts des dynamiques observées, nous poussons la réflexion un cran plus loin pour esquisser ce que serait une architecture organisationnelle adaptée aux enjeux de demain. La dernière partie offre à cet égard un cadre d'analyse opérationnel pour les managers et les consultants qui cherchent à embrasser la dynamique organisationnelle comme levier de transformation et d'engagement des personnes et des équipes.

Partie I

Les contours d'un monde nouveau

« En un quart de siècle, l'humanité en a appris plus sur elle-même qu'au cours des milliers d'années qui ont précédé. Et inconsciemment les hommes qui en l'espace d'une seule génération ont vécu ces choses inouïes sentent qu'on entre dans une ère nouvelle : celle des temps modernes. »

Stefan Zweig, *Magellan*

Deux mutations de grande ampleur bouleversent l'environnement des entreprises, modifient les formes de la concurrence, ouvrent des perspectives nouvelles en termes de productivité et d'évolution du rapport au travail.

Ces mutations sont multidimensionnelles et se combinent pour remodeler à des degrés divers les chaînes de valeur des entreprises, les modèles d'organisation et d'engagement de la main-d'œuvre.

La première mutation est incontestablement cette vague d'innovations technologiques sans précédent que certains qualifient de quatrième révolution industrielle. La technologie a historiquement porté les innovations dans les manières de produire, de vendre ou de distribuer les produits et les services en venant transformer les organisations. Ce qui est spécifique aujourd'hui, c'est l'ampleur, la vitesse de cette nouvelle vague technologique porteuse d'innovations de rupture dont les effets sur les modes de travail sont particulièrement importants.

La seconde mutation est économique. Elle a trait au changement des formes de la concurrence qui se marque principalement dans deux grands domaines. D'une part, la compétition se joue désormais entre les plateformes digitales – telles Amazon, Uber, Airbnb – et les entreprises installées qui tentent à leur tour de structurer un réseau de partenaires, entrepreneurs, institutions, clients pour résister à la concurrence. La dynamique de création de valeur dépasse désormais les frontières de l'entreprise verticale et hiérarchique, obligeant à inventer de nouveaux modes de coopération et de coordination avec l'ensemble des acteurs de l'entreprise, désormais « étendue ».

D'autre part, le mouvement de mondialisation qui avait été le grand moteur des années 1990 et 2000 et qui a conduit à la fragmentation des processus de production et de distribution trouve aujourd'hui ses limites. La région, les territoires deviennent des entités clés dans la course à la compétitivité.

Ces mutations technologiques et économiques viennent rencontrer des évolutions démographiques, des aspirations et des attentes de la population pour un autre rapport au travail et pour une meilleure prise en compte par les entreprises des défis sociaux et environnementaux.

Alors que les révolutions précédentes avaient été marquées par des modèles organisationnels et d'engagement plutôt linéaires privilégiant le mode hiérarchique et le contrôle, cette quatrième révolution industrielle ouvre potentiellement une grande diversité de choix, tant dans le design des organisations que dans les formes d'emploi et les modèles d'engagement.

Parmi les tendances, nous aurions pu évoquer également l'instabilité géopolitique – qui n'est pas sans incidence sur les stratégies d'entreprise – ou la volatilité extrême des marchés. Dans cette première partie, nous nous sommes concentrés sur les évolutions d'environnement portées par une vague technologique, les nouvelles formes de concurrence, l'évolution du rapport au travail et l'émergence de la responsabilité sociétale de l'entreprise. Les chapitres ci-après reprennent de façon synthétique ces tendances et leurs impacts sur les modèles organisationnels.

1

Une vague technologique préfigurative de la quatrième révolution industrielle

« La première révolution industrielle a utilisé l'eau et la vapeur pour mécaniser la production. La seconde a utilisé l'énergie électrique pour créer une production de masse. La troisième a utilisé l'électronique et les technologies de l'information pour automatiser la production. Aujourd'hui, une quatrième révolution industrielle construite sur la troisième, la révolution numérique qui se produit depuis le milieu du siècle dernier. Elle se caractérise par une fusion de technologies qui estompe les frontières entre la sphère physique, numérique et biologique[1]. »

C'est le très médiatique Klaus Schwab, fondateur du Forum économique mondial, qui caractérise ainsi la nouvelle révolution en cours. Celle-ci n'est pas, selon lui, un simple prolongement de la troisième révolution industrielle, mais bien l'émergence d'une nouvelle révolution distincte de la précédente. Et Klaus Schwab de souligner que, comparativement à la précédente, cette révolution évoluera à un rythme exponentiel et non plus linéaire, qui concernera toutes les industries dans chaque pays. Les systèmes de production et de management se verront transformés.

Au cœur de cette révolution industrielle, des innovations technologiques majeures se combinent et interagissent pour modifier substantiellement la nature des produits et des services offerts, la manière de les produire et de les distribuer.

1 Klaus Schwab, « La quatrième révolution industrielle : ce qu'elle implique et comment y faire face », World Economic Forum, 25 octobre 2017, https://fr.weforum.org.

Le Forum économique mondial présente les innovations de rupture qui vont déferler dans les décennies à venir (voir Tableau 1.1). Sans surprise, on retrouve ce qui alimente l'actualité : l'intelligence artificielle, la blockchain, l'impression 3D, la réalité augmentée, l'Internet des objets (IoT), la biotechnologie.

C'est bien l'évolution continue des capacités de traitement de la donnée qui arrive aujourd'hui à un stade permettant le basculement de ces technologies déjà existantes – des technologies qui restaient jusque-là contraintes par la puissance de traitement des ordinateurs. On n'ira pas jusqu'à dire que la cinquième révolution industrielle est déjà en train de se profiler, mais on peut du moins prévoir une forte accélération quand les ordinateurs quantiques et la 5G parviendront sur le marché.

Tableau 1.1 Une vague technologique d'importance

Technologies	Description
Intelligence artificielle et robotique	Développement de machines qui peuvent de plus en plus se substituer à l'homme dans des compétences associées à la pensée, aux multitâches et à une motricité fine
Internet des objets (IoT)	Utilisation de réseaux de capteurs pour connecter à distance, tracer et manager des produits ou des systèmes de réseaux
Réalité virtuelle et augmentée	Prochaine interface entre l'humain et les machines comprenant des environnements immersifs, produits par lecture holographique et digitale pour une expérience mixte physique/digital
3D Printing (fabrication additive)	Progrès dans la fabrication additive (par ajout de matière) par l'utilisation d'une plus grande variété de matière et de méthodes (inclut aussi le *bio-printing*)
Blockchain	Technologie du registre partagé basée sur des systèmes cryptographiques qui gère, vérifie et enregistre les données de transaction ; base des cryptomonnaies comme le bitcoin
Matériaux de pointe et nanomatériaux	Création de nouveaux matériaux et nanostructures pour développer de nouvelles propriétés comme l'efficience thermoélectrique, le maintien des formes et autres fonctionnalités
Captation, stockage et transmission de l'énergie	Percée dans l'efficience des batteries et piles à combustible ; énergie renouvelable à travers les technologies photovoltaïques, éoliennes ou marémotrices ; distribution de l'énergie à travers des systèmes de réseaux intelligents ; transfert de l'énergie sans fil et plus encore
Nouvelles technologies informatiques	Nouvelle architecture pour le matériel informatique comme l'informatique quantique et la bio-informatique, ou traitement des réseaux neuronaux comme le développement des technologies courantes

Biotechnologies	Innovations dans le domaine du génie génétique tout comme dans les interfaces de calculs biologiques et la biologie synthétique
Géo-ingénierie	Intervention technologique dans les systèmes de planètes pour modérer les effets du changement climatique en retirant le dioxyde de carbone ou en gérant les radiations solaires
Neurotechnologie	Innovations comme les médicaments intelligents, la neuro-imagerie et les interfaces bioélectroniques qui permettent de lire, de communiquer et d'influencer l'activité cérébrale humaine
Technologies spatiales	Développement permettant un meilleur accès et une meilleure exploration de l'espace, y compris les microsatellites, les télescopes de pointe, les moteurs de fusée réutilisables et intégrés

Source : Forum économique mondial

Nombre d'experts et d'économistes concentrent leur attention sur l'impact macroéconomique et sociétal que ces technologies pourront générer : combien d'emplois seront détruits du fait de l'automatisation des tâches ? Quels seront les nouveaux métiers et les nouvelles compétences de demain ? Que pourront apporter ces technologies en termes de croissance et de productivité ? Autre grande problématique fascinante : dans quelle mesure et à quelles conditions l'intelligence autonome des machines deviendra-t-elle plus efficiente que l'homme pour des tâches non routinières, créatives, intelligentes et complexes ? Erik Brynjolfsson et Andrew McAfee, professeurs au Massachusetts Institute of Technology (MIT), reviennent dans leur dernier ouvrage[2] sur le coup de tonnerre qu'a représenté la victoire d'AlphaGo de Google DeepMind, entreprise spécialisée dans l'intelligence artificielle (IA), sur le champion du monde du jeu de go, Ke Jie, en 2017. Parce que le jeu de go est un jeu de stratégie complexe, plus intuitif que les échecs et moins formalisable, mais aussi parce que, pour ce jeu, les experts ne prédisaient pas une supériorité de la machine sur l'homme avant de nombreuses années, cette victoire inattendue a littéralement secoué le monde de l'IA.

Au-delà des prophéties globales, souvent apocalyptiques ou dignes de scénarios de science-fiction, les bénéfices concrets de l'utilisation

....

2 *Des machines, des plateformes et des foules : maîtriser notre avenir numérique*, traduit de l'américain par Christophe Jacquet, Paris, Odile Jacob, 2018.

de ces innovations technologiques pour les entreprises commencent à apparaître avec les premiers retours d'expérience.

Nous avons tenté de synthétiser les bénéfices attendus et les implications pour les grands processus transverses de l'entreprise (créer, vendre, produire, livrer) à partir d'études considérées comme référentes sur deux technologies (IA et réalité virtuelle). Ces études montrent les potentialités par domaine d'activité, en matière de conception, de création, de fabrication et de prestations, de livraison.

Tableau 1.2 Les impacts de deux technologies sur la chaîne de valeur

<table>
<tr><th></th><th>Concevoir</th><th>Vendre</th><th>Produire</th><th>Livrer</th></tr>
<tr><td>Intelligence artificielle</td><td>Prévoir les nouvelles tendances par l'analyse des données et assister la création</td><td>Proposer les produits et services au bon prix, au bon client, au bon moment, en bonne quantité, sur le bon canal et avec le meilleur message – optimiser l'expérience client</td><td colspan="2">Améliorer la productivité par une automatisation des tâches, une optimisation des flux par l'analyse prédictive</td></tr>
<tr><td>Réalité virtuelle et augmentée</td><td>Permettre une immersion directe (phygital) du concepteur dans le contexte de la création en permettant un dialogue homme-machine fluide</td><td>Faire pénétrer le client, l'utilisateur dans le monde du produit ou du service pour renouveler son expérience d'achat</td><td>Faciliter la relation homme-machine dans l'univers de la production</td><td>Faciliter le dialogue homme-machine à distance</td></tr>
</table>

Sources : Études KPMG, Accenture, BCG

Il apparaît tout d'abord que certains secteurs et processus clés de l'entreprise pourront être très largement optimisés :

- Le secteur industriel est celui dont les gains potentiels de productivité sont les plus prometteurs avec le développement de l'automatisation et de la maintenance prédictive.
- Les prévisions de ventes seront plus fiables avec une optimisation associée de la *supply chain*.
- La segmentation des clients permise par l'analyse fine des données permettra une tarification plus optimisée et une promotion personnalisée.

- Les activités transactionnelles seront largement automatisées avec des potentialités de gains de productivité très importants sur des activités comme la comptabilité ou la gestion des notes de frais. Dans ce cadre, les centres de services partagés (CSP) seront particulièrement touchés.
- Le processus de décision sera facilité par une exploitation et un nouvel usage des données.

Cela suppose bien évidemment des investissements d'importance et la fluidification de l'accès aux données. Un autre défi mentionné dans ces études sera la montée en compétences : ampleur de la ressource experte à recruter avec les bonnes compétences digitales dans un marché en tension, mais aussi requalification des collaborateurs pour l'appropriation de ces nouvelles technologies.

Dans cette perspective, le rapport Villani[3] pointe les compétences et les capacités à développer auprès de l'ensemble de la population active, et notamment :

- les capacités cognitives transversales (compréhension du langage et des nombres, résolution de problèmes...) ;
- les capacités créatives ;
- les compétences sociales et situationnelles (travail en équipe, autonomie...) ;
- les capacités de précision relative à la perception et à la manipulation, qu'il ne faut pas négliger, telles que la dextérité manuelle par exemple.

Curieusement, les effets sur les organisations et sur la manière de travailler sont peu évoqués dans ces études, ou décrits de façon très générique : besoin d'une plus grande transversalité, recherche d'une meilleure coopération dans l'ensemble de l'écosystème de l'entreprise ou encore nécessité d'aligner dirigeants, managers et collaborateurs

....

3 Cédric Villani, *Donner un sens à l'intelligence artificielle : pour une stratégie nationale et européenne*, rapport au Premier ministre, mars 2018, https://www.ladocumentation francaise.fr.

au sein de l'entreprise pour permettre une généralisation sans heurt de ces nouvelles technologies de rupture.

Les développements récents sur l'industrie du futur, ou industrie 4.0, sont beaucoup plus riches à ce propos.

Ce concept d'industrie 4.0, qui apparaît pour la première fois en Allemagne en 2011, décrit la manière dont l'Internet des objets, des données et des services va modifier les processus de production, la chaîne logistique et les modes de travail. C'est l'ensemble de la chaîne de création de valeur qui sera repensé à l'aune du numérique : conception du produit, cycle de la commande, processus de fabrication, livraison, recyclage... L'industrie 4.0 modifie en profondeur la nature des relations homme-machine et les modes de travail. Extraite de l'étude de Daniel Buhr[4], la figure 1.1 illustre quelques applications pratiques de l'utilisation des technologies et des nouvelles fonctionnalités accompagnant le concept d'industrie 4.0.

Le grand mérite de ces travaux allemands est d'avoir analysé les options en matière d'organisation du travail et d'avoir été jusqu'à profiler des scénarios types d'organisation possible.

Dans un scénario d'organisation dite *polarisée*, le nombre de tâches simples non automatisées est limité, dédié à une main-d'œuvre peu qualifiée. Un groupe croissant de salariés très qualifiés, de techniciens et de spécialistes prend en charge la continuité du processus de fabrication et de son pilotage.

À l'inverse, dans un scénario d'organisation dite *en essaim*, on voit se constituer « un réseau plus souple de salariés qualifiés opérant tous sur un pied d'égalité[5] ». Dans cette forme d'organisation, on ne trouve pas (ou plus) de tâches simples et nécessitant peu de qualifications, celles-ci ayant été en grande partie automatisées. Il n'existe pas de tâches définies pour chacun des salariés, mais un collectif de travail qui opère en s'auto-organisant de manière souple et en s'adaptant à chaque situation (voir figure 1.2).

....

4 Daniel Buhr, *Une politique d'innovation sociale pour l'industrie 4.0*, Bonn, Friedrich-Ebert Stiftung, 2015.

5 *Ibid.*

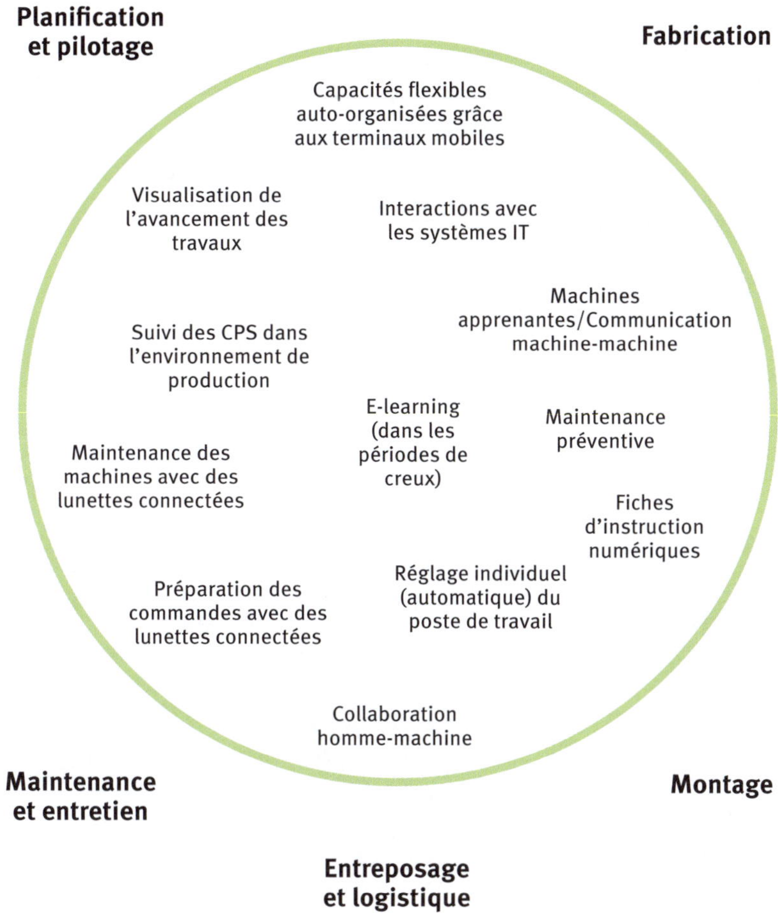

Figure 1.1 Cas d'application des interactions homme-machine

À travers les illustrations des innovations technologiques et du concept de l'industrie 4.0, on mesure les défis organisationnels qui vont se poser aux entreprises.

Associer la vague technologique à l'implantation d'organisations horizontales et responsabilisantes n'est ni acquis ni déterminé. Les options en matière de design organisationnel, de qualification de la main-d'œuvre ou de responsabilisation restent largement ouvertes. Ce sera aux entreprises d'affirmer des choix volontaristes en fonction de leur modèle économique, de leurs critères d'efficience et surtout de

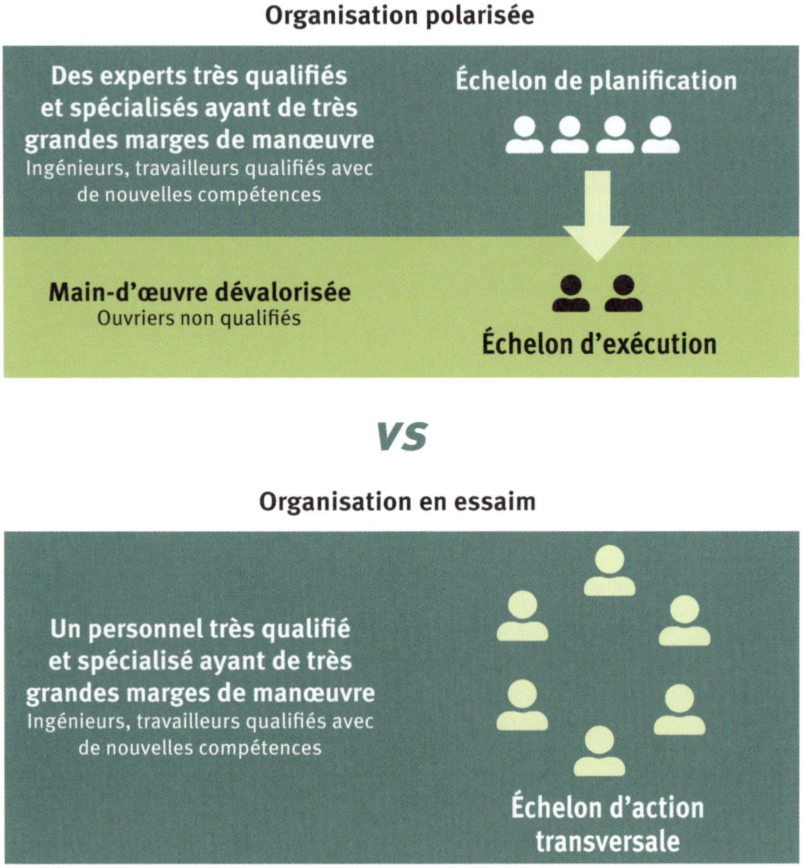

Figure 1.2 Deux scénarios de reconfiguration de l'organisation

leur projet social. Parmi les paramètres clés du projet social : le développement de l'employabilité des collaborateurs, la négociation avec les partenaires sociaux des modes de travail et les modalités de partage de la valeur.

Si les évolutions techniques sont porteuses d'opportunités et de changement dans les manières de travailler, c'est en premier lieu la transformation de l'univers concurrentiel qui pousse les dirigeants à faire évoluer leur modèle organisationnel et leur discours managérial.

2

De nouvelles formes de concurrence

Plateformes digitales et écosystème d'entreprise

Benjamin Coriat, économiste du travail référent, soulignait que les années 1980 avaient été marquées non seulement par une innovation technologique majeure, l'automatisation flexible, mais également par un changement des formes de concurrence. À une concurrence principalement basée sur les grandes séries à bas coût s'ajoutait une montée de la qualité et de la différenciation des produits. En Allemagne notamment, grande gagnante de cette troisième révolution industrielle dans les années 1980 à 2000, la qualité est devenue de plus en plus centrale, et même un élément discriminant de la compétitivité. La différenciation produit devait quant à elle répondre à des demandes de plus en plus variées, comportant le plus souvent des spécifications et des normes plus précises.

> *« Par rapport à ces exigences, le mode dominant d'organisation du travail basé sur le fordisme est rentré en crise et est apparu, dès les années 1980, l'attrait pour les méthodes japonaises de gestion, de production et d'organisation du travail. L'esprit Toyota s'est alors distingué par le fait qu'au lieu de procéder à la destruction des savoirs ouvriers complexes et la parcellisation des tâches, la voie japonaise en matière organisationnelle a procédé par déspécialisation des professionnels pour les transformer non en ouvriers parcellaires mais en pluri-opérateurs, en professionnels polyvalents, en travailleurs multifonctionnels[1]. »*

Cette analyse de Benjamin Coriat sur les transformations du modèle industriel au cours de la décennie 1980 est éclairante. Elle

1 Benjamin Coriat, « Les métamorphoses de la division du travail dans la crise contemporaine : l'implication et ses modèles », in *La Crise du travail*, Paris, PUF, 1995.

montre en effet que les innovations en matière organisationnelles, sans être forcément générées par la technologie, permettent de retrouver une nouvelle dynamique conciliant efficacité économique et progrès social.

Les enjeux d'optimisation des coûts, de qualité, de différenciation des produits et de flexibilité restent toujours d'actualité pour toutes les entreprises industrielles et de services. Mais la compétition change de nature. La montée en puissance des plateformes digitales et la vigueur des start-up amènent les opérateurs installés à changer leur(s) modèle(s).

Le champ de bataille évolue et se transforme. Les affrontements se jouent aussi bien sur les marchés *B to C* que *B to B* sur des forces nouvelles que l'on pourrait caractériser schématiquement comme suit :

- Des plateformes digitales portées par un dynamisme exponentiel de création de valeur connectent les parties (donneur/receveur), captent une partie de la création de valeur, assoient leur position de force voire leur position dominante sur les marchés.
- Les opérateurs historiques, menacés sur leur cœur de métier, tentent d'ouvrir des espaces vers de nouvelles activités, de nouveaux services à partir de leurs ressources et compétences clés en créant des écosystèmes intégrés autour de leur marque, de leur produit, de leur base clients.
- Des start-up s'appuyant sur une innovation technologique ou sur la prise en compte de nouveaux besoins ou usages tentent de pénétrer les marchés quand elles ne s'emploient pas à les réinventer.

Pour illustrer ces nouvelles dynamiques concurrentielles, prenons l'exemple du secteur de l'hospitalité. Ce secteur s'est radicalement transformé ces dernières années avec d'une part la montée en puissance de plateformes de réservation (Expedia, Booking, etc.) – aussi appelées OTA (pour *online travel agencies*) – positionnées comme distributeurs agrégateurs d'offres, et d'autre part l'arrivée d'Airbnb, inventeur d'une nouvelle offre d'hospitalité structurée par une plateforme multiface entendue comme la mise en relation de plusieurs types d'agents au sein d'un même espace.

Ainsi que l'illustre la figure 2.1, Airbnb propose une nouvelle forme d'intermédiation et d'interaction entre l'acheteur et le vendeur sur les deux faces principales de sa plateforme (face 1 : voyageurs ; face 2 : loueurs). Mobilisant les actifs sous-exploités des propriétaires (résidences principales, maisons de vacances, pied-à-terre, investissements locatifs...), la plateforme propose un service nouveau de valorisation de ces actifs qui vient percuter de plein fouet le modèle des chaînes hôtelières qui immobilisaient une grande partie de leur capacité d'investissement dans le foncier. Airbnb, qui met en relation hébergeurs, particuliers et touristes, est désormais le premier hôtelier mondial en nombre de chambres offertes, tout en réinventant un modèle économique.

Avec un business model différent, la plateforme Booking.com « confisque » l'accès au marché des chaînes hôtelières par la disponibilité et la facilité d'accès à l'information et par la simplicité d'usage permise par son design (voir Figure 2.2). Grâce à une concentration de l'offre et une meilleure organisation des informations (critères de choix, feed-back client...), les plateformes d'agrégation redéfinissent un produit ou un service existant en acquérant un statut de prescripteur par la recommandation au client de l'offre qui lui conviendrait le mieux. On assiste à une substitution des marques historiques d'hôtellerie par des marques de réservation pour l'hébergement et les services associés.

Toutefois, face à la volatilité des utilisateurs, maintenir ce statut de prescripteur impose un contrôle drastique de l'écosystème des entreprises liées à la plateforme[a], tout en maîtrisant les flux d'informations générés par les différentes « faces » de celle-ci pour permettre une connaissance approfondie des utilisateurs, vitale pour conserver et développer son attractivité et son rôle de prescription.

(a) Booking.com a des contrats en place avec les hôtels qu'il recense. L'une des clauses, appelée parité tarifaire, stipule que lesdits hôtels ne peuvent pas offrir le même type de chambre à un tarif inférieur sur leurs propres pages web. Et s'ils le font, ils doivent le faire sur Booking.com. En l'absence d'une telle règle, les utilisateurs pourraient choisir un hôtel sur Booking.com, puis effectuer la réservation sur les pages de l'hôtel.

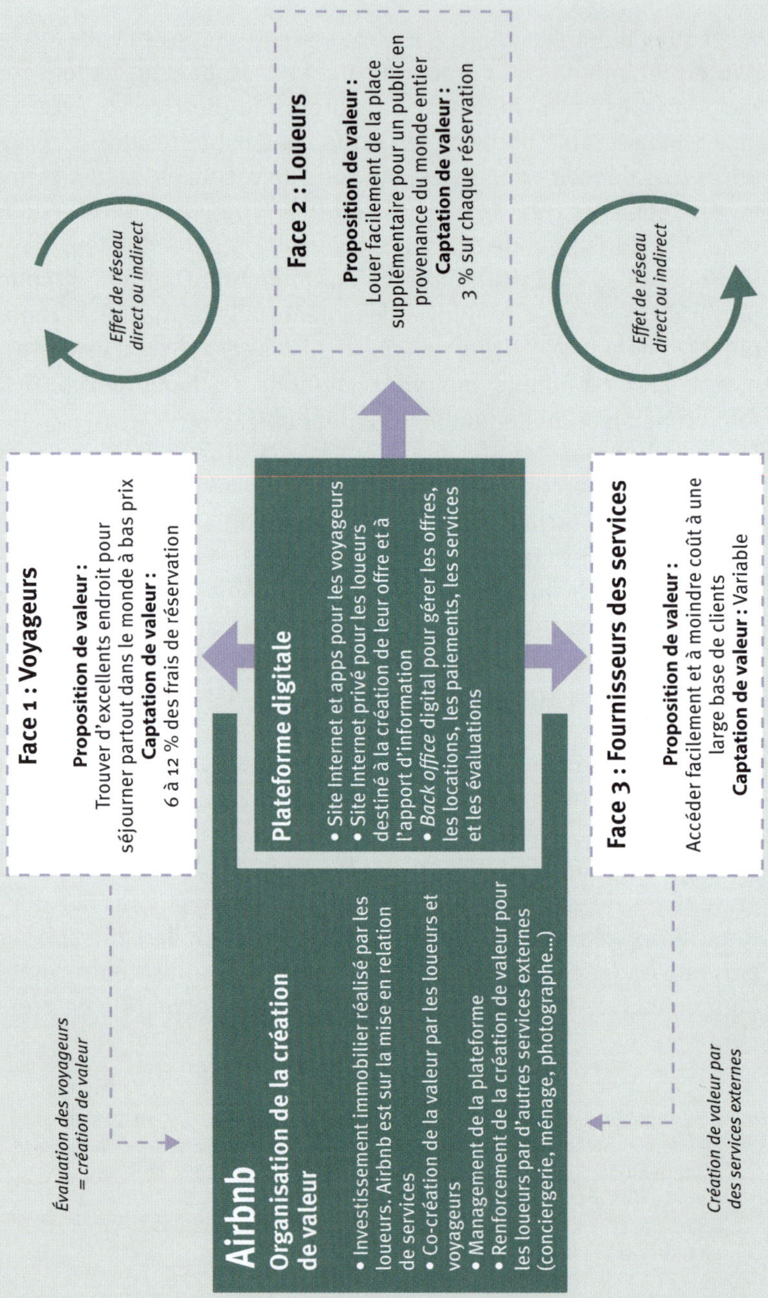

Source : François Acquatella, Valérie Fernandez et Thomas Houy, *Quelles dynamiques stratégiques pour les plateformes digitales ? Proposition d'un cadre d'analyse à partir du cas Coursera*, i3 Working Papers Series, 18-SES-02, Telecom ParisTech, CNRS, université Paris-Saclay, janvier 2018

Figure 2.1 Plateforme multiface type Airbnb

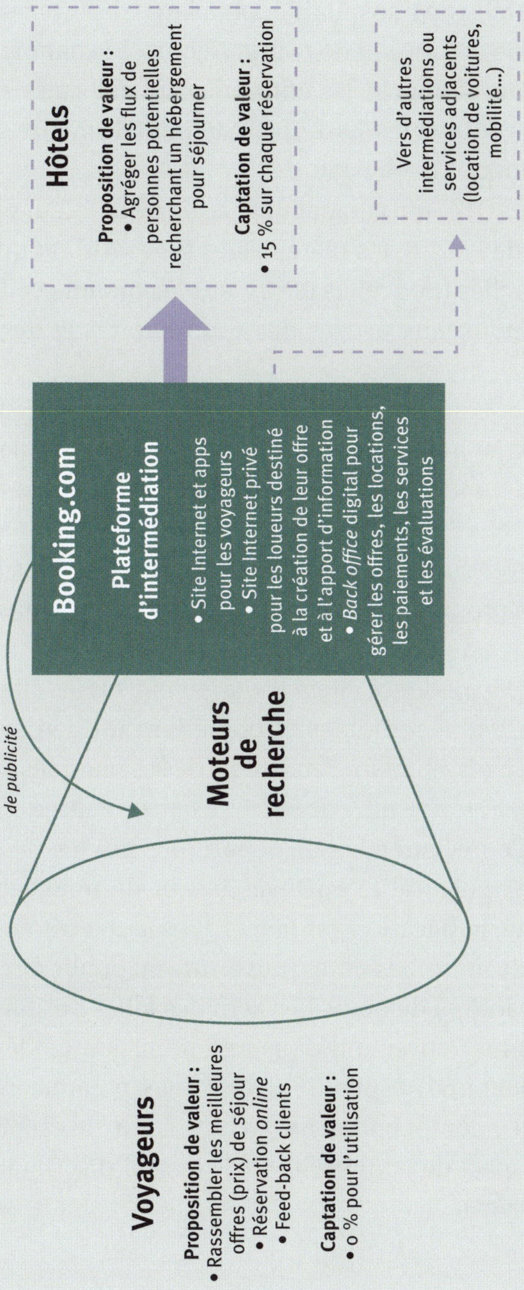

Figure 2.2 Plateforme d'intermédiation type Booking.com

Dans le marché de l'hospitalité, plus large désormais que celui de l'hôtellerie et de la location de courts séjours, le champ de bataille se transforme donc et oppose les entreprises plateformes et les chaînes hôtelières sans oublier les start-up qui tentent de mettre sur le marché de nouvelles formes de prestations.

D'un côté les OTA, qui captent une partie de la valeur par un contact direct client ; de l'autre, les plateformes types Airbnb qui ouvrent de nouveaux marchés (nouvelles offres) sur l'économie collaborative en intégrant les nouveaux usages des propriétaires et des consommateurs.

Face à cette concurrence dévastatrice, un opérateur historique comme le groupe hôtelier Accor a dû faire évoluer radicalement son business model autour de quatre axes majeurs et six leviers[2] (voir Figure 2.3) :

- se concentrer sur le métier d'opérateur de services et céder une partie de la propriété de ses murs et de son immobilier à des investisseurs ;
- renouveler l'expérience client (notamment sur les clients premium et d'affaires, plus rentables et possédant un lien avec la chaîne hôtelière) en rassemblant l'ensemble de ses marques sur une même plateforme, avec une offre de services personnalisés et de nouveaux systèmes d'enregistrement de départ plus fluides ;
- réinventer l'hospitalité en investissant de nouveaux services : conciergerie, implication des hôtels dans leur territoire et leur voisinage avec de nouvelles offres (ouverture au public des installations de l'hôtel, accès à de nouvelles activités telles des formations…) ;
- s'engager plus activement dans une promesse de développement durable : pour une hospitalité positive avec notamment une neutralité carbone pour les bâtiments, la lutte contre le gaspillage alimentaire, le respect de la diversité et de la non-discrimination (entreprise inclusive).

2 Voir Christophe Nowak, « L'hôtellerie réinventée à l'heure du digital : le monde selon Accor », *Le Journal de l'École de Paris du management*, vol. 131, n° 3, octobre 2017, p. 15-21.

Figure 2.3 Les six leviers stratégiques pour faire grandir AccorHotels

Source : AccorHotels/FY 2017 Results & Strategic update

L'enjeu de cette réorientation stratégique reste pour AccorHotels la captation d'un client exigeant, disposant d'une grande variété de choix, recherchant la personnalisation, l'immédiateté, et prêt à s'engager pour la marque et le produit si ces derniers sont congruents avec sa tribu ou communauté d'appartenance. Ce changement de métier et d'horizons (devenir opérateur de services) pour l'ensemble des collaborateurs exige une remise en cause radicale de l'organisation afin de s'inscrire dans un nouvel écosystème où les plateformes digitales ont pris leur place et ne comptent pas la céder[3].

La montée en puissance des plateformes et l'internationalisation des start-up semblent renforcer le mouvement de globalisation. Pourtant, se dessinent des tendances d'un retour vers le local.

3 Un des changements stratégiques moins visibles est d'ailleurs la volonté des chaînes hôtelières de s'inscrire dans ces écosystèmes de plateformes pour y prendre leur place en négociant des coopérations plus poussées, que ce soit avec Airbnb ou Booking.com, même si le dialogue paraît quelquefois difficile.

3

Du global au local ?

La mondialisation en rythme accéléré

Les années 1990 et 2000 ont été marquées par une internationalisation grandissante.

L'abaissement des barrières tarifaires, des coûts du transport et la libération des marchés ont stimulé les échanges, accéléré le développement économique des pays émergents, au premier rang desquels la Chine et les pays d'Asie. Les entreprises multinationales ont joué un rôle clé dans cette nouvelle division internationale du travail avec des conséquences abondamment décrites de délocalisation et de relocalisation partielle des activités couplées avec une intensification des flux financiers, des données et des transferts de technologie.

Pierre Veltz[1] synthétise cette stratégie des entreprises centrées sur une fragmentation de « la chaîne des activités nécessaires pour élaborer un bien ou un service en une succession d'étapes parfois très limitées [...], géographiquement dispersées, et mettant en jeu de multiples entreprises, fournisseurs, prestataires de services. Les firmes qui contrôlent ces chaînes optimisent pour chaque étape le choix du fournisseur et du lieu de production, dans une vision globale. Le mot d'ordre est : "Achetez vos composants partout, fabriquez partout, vendez partout[2]." »

Et Pierre Veltz d'illustrer cette fragmentation avec l'emblématique iPhone, où les fonctions amont (recherche, design, marketing) sont concentrées dans la Silicon Valley, mais où l'approvisionnement de composants est mondial, l'assemblage entièrement réalisé en Chine,

1 Pierre Veltz est un ingénieur, sociologue et économiste français, spécialiste de l'organisation des entreprises et des dynamiques territoriales. Il a été président-directeur général de l'établissement public d'aménagement Paris-Saclay de 2010 à 2015.

2 Pierre Veltz, *La Société hyper-industrielle : le nouveau capitalisme productif*, Paris, Éditions du Seuil, coll. « La République des idées », 2017.

et les produits commandés *online* livrés depuis la Chine par FedEx et UPS.

Les grandes entreprises internationales ont accompagné cette stratégie de mondialisation d'une évolution en profondeur de leurs modes de fonctionnement :

- une architecture organisationnelle globale structurée en lignes mondiales de métiers ;
- la constitution de marques globales, avec un pilotage centralisé et un déploiement sous contrôle dans les régions ;
- une structuration de fonctions centrales avec des responsabilités globales pour les achats, la production, la *supply chain*, le marketing, les systèmes d'information, les ressources humaines ;
- une standardisation des processus facilitée par le déploiement de systèmes d'information et de gestion intégrée ERP (*enterprise resource planning*) type SAP ou Oracle ;
- la mise en place de systèmes de *reporting* financier et de tableaux de bord d'indicateurs clés de performance ;
- le développement des centres de services partagés pour mutualiser les ressources dans les fonctions support (finances, ressources humaines).

Avec la mondialisation, la plupart des grandes entreprises ont mis en place des structures matricielles pour marquer dans leurs modes de fonctionnement cette double dimension : optimisation globale/adaptation locale.

Une nouvelle phase dans la mondialisation

Dans un ouvrage récent au titre explicite, *From Global to Local*[3], l'universitaire anglais Finbarr Livesey soutient la thèse que la mondialisation n'est pas un mouvement irréversible, et ne représente en aucun cas « la fin de l'histoire ». La géographie de la production se transforme

3 Finbarr Livesey, *From Global to Local: The Making of Things and the End of Globalisation*, Londres, Profile Books, 2017.

avec les technologies. Les attentes des consommateurs pour des produits plus personnalisés se développent. La question centrale n'est plus *où* fabriquer les produits, mais *comment* concevoir et fabriquer les objets et les services, à la fois sur le plan technologique et organisationnel.

À l'appui de sa thèse, Finbarr Livesey invoque un certain nombre d'arguments, qui sont actuellement au cœur des réflexions et des stratégies d'entreprise, et le seront encore plus demain :

- L'attente de plus en plus forte des consommateurs pour des produits personnalisés, sur mesure, dans la conception desquels ils peuvent être impliqués, est une tendance lourde, observable dans nombre de marchés.
- À l'instar d'une société comme Zara (qui renouvelle ses collections à un rythme supérieur à ses concurrents), de nombreuses entreprises considèrent que face à une demande volatile, imprévisible et changeante, la rapidité et la proximité dans leur *supply chain* sont déterminantes pour leur compétitivité.
- La vague technologique (imprimante 3D, robotisation, IA) change l'économie dans les manières de concevoir et de fabriquer les produits. Les économies d'échelle, la flexibilité, la localisation s'envisagent sous un angle nouveau, différent de la période précédente de l'hyperglobalisation.
- Portées par les technologies, les entreprises sont enclines à rechercher des productions régionales ou locales au plus près de leur marché, plutôt qu'à faire fabriquer des volumes massifs en Asie.

Pour Finbarr Livesey, des signaux faibles confortent cette tendance à la « déglobalisation » et à l'émergence de nouvelles options pour des productions au plus près des marchés. Parmi ceux-ci, les mouvements de relocalisation observables aux États-Unis, en Europe, voire au Japon. L'auteur nous invite toutefois à rester prudents, car l'alternative n'est pas, comme dans un jeu de balancier, de passer de la mondialisation au protectionnisme.

Tout en contestant le concept de démondialisation, les économistes experts du commerce international[4] notent cependant qu'avec la crise financière de 2008, la montée du protectionnisme et l'offensive des États-Unis pour sortir des accords multilatéraux, s'opère une inflexion de tendance. La mondialisation semble marquer le pas si l'on en juge par le ralentissement du commerce mondial, la diminution des flux financiers et surtout des mouvements de capitaux. La nouvelle géographie est celle d'un monde multipolaire (dont les États-Unis et la Chine ne sont pas les seules locomotives) présentant des risques géopolitiques forts et où le numérique et l'innovation jouent un rôle majeur.

En ce sens, les économistes convergent avec les arguments de Finbarr Livesey en soulignant, eux aussi, l'évolution des chaînes de valeur des entreprises vers une production locale facilitée par les nouvelles technologies :

> *« De nouvelles technologies "de rupture", comme l'impression 3D ou "l'Internet des objets", suggèrent une production plus proche des consommateurs. Cette tendance devrait aussi être accentuée par des stratégies visant à renforcer le rôle du consommateur et à l'entourer de services de plus en plus personnalisés. Les usines du futur s'appuyant sur la robotique et l'intelligence artificielle peuvent aussi réduire les coûts de production à des niveaux ne rendant plus nécessaire l'échange sur de grandes distances de biens et services pour bénéficier d'avantages de coûts en matière d'accès à la main-d'œuvre ou aux compétences[5]. »*

Pierre Veltz reconnaît aussi que la mondialisation est entrée dans une nouvelle phase, mais il avance de son côté l'hypothèse que plus qu'une démondialisation, il s'agit d'un mouvement de régionalisation et de territorialisation.

....

4 OCDE (Organisation de coopération et de développement économiques), CEPII (Centre d'études prospectives et d'informations internationales).

5 Sébastien Miroudot, « La mondialisation s'est-elle arrêtée après la crise financière ? Chaînes de valeur mondiales et ralentissement du commerce international », *Regards croisés sur l'économie*, n° 21, février 2017, p. 27-34.

L'examen des matrices d'échange de composants entre pays d'une même région fait apparaître la montée en puissance de la région Asie, l'importance historique de la région Amériques (bloc États-Unis-Mexique-Canada), le poids très important des échanges interpays pour la région Europe.

Au sein de ces régions, la dynamique des agglomérations et des territoires devient un paramètre clé des stratégies de localisation des entreprises en raison des avantages compétitifs que ces agglomérations apportent : reconfigurations rapides et souples des chaînes d'activité par la proximité des clients et des fournisseurs, solutions adaptées aux besoins et attentes, présence d'un réservoir de main-d'œuvre qualifiée et d'un pool de compétences critiques.

Le tableau 3.1 recense, selon les secteurs d'activité, les critères de localisation des entreprises : le coût du travail n'est plus le facteur premier et déterminant de la localisation. Et la disponibilité des talents devient prépondérante dans un marché de pénurie de main-d'œuvre qualifiée et très qualifiée.

Tableau 3.1 Les facteurs de choix de localisation par industries

Industrie	Premier critère	Deuxième critère	Troisième critère
Toutes industries confondues	Disponibilité des talents	Coût du travail	Coût de production
Automobile, aérospatiale, *supply chain* et transport	Disponibilité des talents	Coût du travail	Qualité de la *supply chain*
Aviation, voyage et tourisme	Disponibilité des talents	Organisation centrale	Coût du travail
Chimie, matériaux avancés et biotechnologie	Disponibilité des talents	Coût de production	Coût du travail
Consommation	Coût du travail	Disponibilité des talents	Qualité de la *supply chain*
Énergie et technologies	Disponibilité des talents	Coût du travail	Coût de production
Services financiers et investissements	Disponibilité des talents	Coût du travail	Organisation centrale
Santé	Disponibilité des talents	Coût du travail	Coût de production
Technologies de l'information et des communications	Disponibilité des talents	Coût du travail	Concentration géographique

Infrastructures	Coût du travail	Disponibilité des talents	Coût de production
Exploitation minière	Coût du travail	Coût de production	Disponibilité des talents
Industrie pétrolière	Disponibilité des talents	Coût de production	Coût du travail
Services spécialisés	Coût du travail	Disponibilité des talents	Concentration géographique

Source : Forum économique mondial, *The Future of Jobs*, 2018

Comment cette nouvelle phase de la mondialisation va-t-elle se traduire dans les structures et les modes de fonctionnement des entreprises ?

Nous verrons dans la deuxième partie qu'une tendance nette se dessine à la décentralisation et à la régionalisation des structures, que l'organisation matricielle marque le pas au sein des grands groupes français et européens, et que les temps ne sont plus au renforcement des fonctions centrales ni des structures des sièges, des divisions ou des lignes métiers. Pour ce qui est plus précisément de l'impact de l'évolution des chaînes de valeur sur l'organisation de l'entreprise, le champ reste très ouvert et encore peu documenté.

Les mutations technologiques et économiques (nouvelles formes de concurrence et nouvelle phase dans la mondialisation) viennent rencontrer les évolutions démographiques, les aspirations et les attentes de la population pour un autre rapport au travail.

4

Travailler différemment

La disponibilité de la main-d'œuvre, son niveau d'éducation, les aspirations des différentes générations qui composent cette population active constituent pour les entreprises des variables déterminantes d'évolution de leurs organisations, de leur modèle managérial et de leur politique de ressources humaines.

Pour la prochaine décennie, les entreprises vont être confrontées à trois enjeux majeurs :

- des évolutions profondes de la population active ;
- une tension sur le personnel qualifié ;
- des aspirations pressantes des différentes générations à travailler différemment.

Des évolutions profondes dans la composition de la population active

À l'examen tout d'abord de l'évolution de la population active, la situation peut paraître très contrastée. Hors prise en compte de mouvements migratoires exceptionnels, des pays comme l'Italie, l'Espagne, l'Allemagne, le Japon ou encore la Russie connaîtront une stagnation voire un déclin de leur population active sous l'effet combiné d'un vieillissement et de l'arrivée moins nombreuse des classes en âge de travailler.

Au sein des pays développés, les États-Unis, le Canada, le Royaume-Uni et la France connaîtront quant à eux une croissance de leur population active. Ainsi, la population active française devrait croître de près de 1 million de personnes à l'horizon 2030 pour s'établir à 30,5 millions de personnes (source : Insee).

Pour les entreprises, ces évolutions démographiques auront des conséquences sur le fonctionnement du marché de l'emploi.

Dans les contextes de populations actives déclinantes (voir les données de l'Allemagne, de l'Italie, du Japon et de la Russie dans la Figure 4.1), l'enjeu sera d'attirer les talents et plus globalement de la main-d'œuvre pour faire face au choc démographique.

Dans les pays moins tendus en termes démographiques la guerre des talents restera néanmoins un enjeu déterminant pour satisfaire des besoins de main-d'œuvre qualifiée à très qualifiée, comme nous le verrons ci-après.

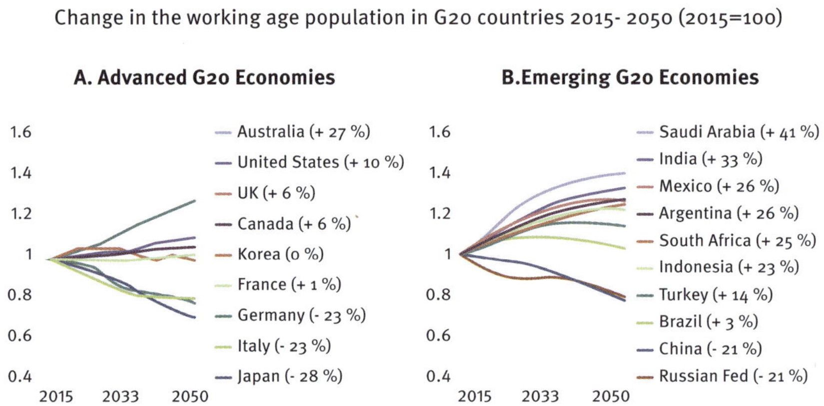

Medium fertility variant

Source : United Nations, Departement of Economic and Social Affairs, Population Division (2015), world population prospects : the 15 revision, DVP edition

Figure 4.1 Les pays du G20 vont connaître des changements démographiques rapides

Au sein de la population active des pays développés, la part des *travailleurs indépendants* sera amenée à se renforcer sous un double mouvement, avec :

- le développement de l'économie des plateformes et un recours à des travailleurs non salariés ou auto-entrepreneurs (par exemple pour le secteur de la logistique, des transports et des services d'aide aux personnes...) ;
- l'essor des free-lances dans les secteurs qualifiés de prestations intellectuelles ou d'expertise (entreprises du numérique, de l'ingénierie ou du conseil...).

Aux États-Unis et selon les sources, les travailleurs indépendants représenteraient aujourd'hui entre un tiers et 40 % de la population active avec une forte croissance observée ces cinq dernières années (35 % en cinq ans). Certaines études prédisent qu'en moins de dix ans, les indépendants seront majoritaires aux États-Unis, représentant 6 travailleurs sur 10[1] avec une forte proportion de travailleurs qualifiés, professionnels des services aux entreprises.

En Europe, à l'exception du Royaume-Uni et des Pays-Bas proches du modèle américain, la proportion est moindre – de l'ordre de 15 %. Elle serait même inférieure en France – aux alentours de 12 % – mais avec une croissance significative ces cinq dernières années, supérieure à celle de la population active. Cette croissance des indépendants concernerait à la fois des emplois peu qualifiés, dans la construction et les services aux particuliers, et des emplois très qualifiés dans les services aux entreprises, notamment l'immobilier, les activités spécialisées scientifiques et techniques, l'enseignement et la santé[2].

Les perspectives du travail indépendant sont sensibles aux évolutions réglementaires, fiscales ou sociales et sont, du coup, difficiles à déterminer. Deux leviers pourraient jouer un rôle d'accélérateur dans le développement de cette forme d'emplois :

1. les préférences des individus pour plus d'autonomie à un moment donné de leur cycle de vie professionnelle, notamment lors des périodes pré ou post-retraite ou pour la concrétisation à un moment de leur trajectoire professionnelle d'un projet entrepreneurial ;
2. l'intensité du recours par les entreprises à des formes d'extériorisation de leur main-d'œuvre pour du personnel très ou peu qualifié.

....

1 « Looking Forward: What Will the Independent Workforce Look Like in 2027? », MBO Partners, 2017.

2 « Travail indépendant : quels scénarios pour la France à l'horizon 2030 ? », Futuribles-Observatoire Alptis de la protection sociale, 2017.

Tension sur le personnel qualifié

Un autre élément majeur du paysage à intégrer dans ces mutations socioéconomiques a trait à la structure du marché de l'emploi et aux tensions sur le personnel qualifié. À un moment où les débats se polarisent sur l'ampleur des destructions d'emplois accompagnant la vague technologique, les experts du marché du travail s'accordent pour reconnaître que paradoxalement, les pays développés vont être confrontés dans les dix prochaines années à une pénurie croissante de main-d'œuvre couplée avec la persistance d'un chômage structurel.

Les difficultés de recrutement deviennent de plus en plus aiguës en Europe dans le secteur industriel, les services aux entreprises, la construction, les transports, les services à domicile. Le taux d'emplois vacants progresse, les entreprises connaissent des difficultés sur certains postes.

En prospective, et si l'on en croit l'étude prophétique du cabinet de recrutement américain Korn Ferry, *The Global Talent Crunch*[3], la pénurie de main-d'œuvre qualifiée irait crescendo dans presque toutes les régions du monde avec des conséquences financières extrêmement lourdes. À partir d'un modèle de simulation des besoins en ressources pour quatre secteurs d'activité à très forte valeur ajoutée (services financiers, services aux entreprises, TMT [technologie, médias, télécommunication], production), les auteurs concluent à un déficit de talents de près de 80 millions de personnes avec un impact économique considérable de manque à gagner – l'équivalent des PNB cumulés du Japon et de l'Allemagne.

Toutes les régions seraient touchées, mais de façon encore plus intense les États-Unis, le Brésil, le Royaume-Uni et l'Allemagne (voir Figures 4.2 et 4.3).

3 Étude publiée en mars 2018, http://futureofwork.kornferry.com.

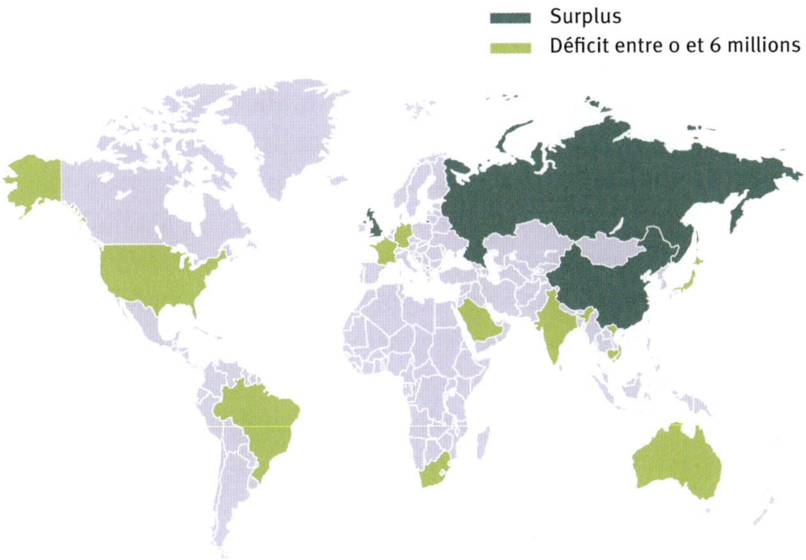

Figure 4.2 Déficit de talents dans le monde à l'horizon 2020

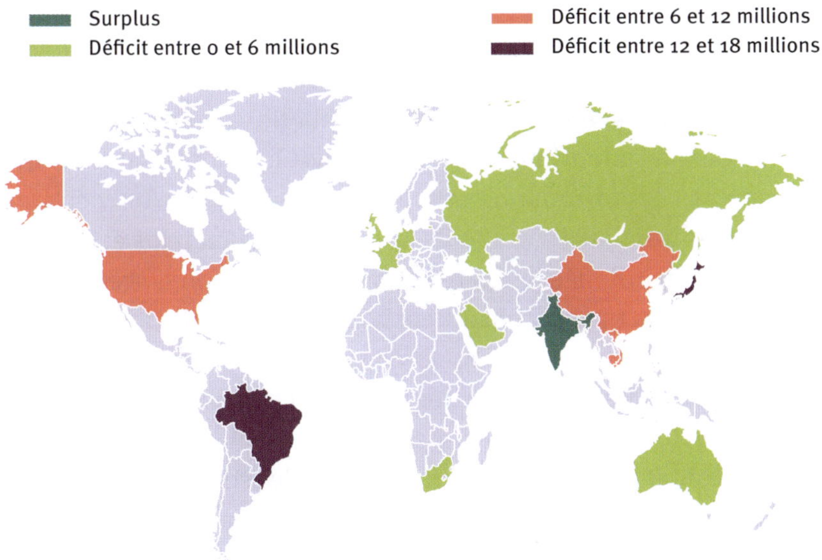

Figure 4.3 Déficit de talents dans le monde à l'horizon 2030

Source : Korn Ferry

La France serait particulièrement affectée pour les services professionnels et financiers en raison d'une pénurie de main-d'œuvre très qualifiée. Le pays risque de manquer de 1,5 million de personnes qualifiées, ce qui générerait un manque à gagner de 175 milliards d'euros.

La pénurie de talents devient et restera un thème stratégique majeur qui va animer les échanges entre les dirigeants et les partenaires sociaux dans nombre d'entreprises en France et à l'international. Cette pénurie ne se résume pas à une simple inadéquation entre l'offre et la demande, ni à une pénurie de compétences liées aux nouvelles technologies. Elle se doit d'être replacée dans un mouvement plus profond de transformation générationnelle, auquel vont être confrontées les entreprises pour les décennies à venir.

Transformation générationnelle

Ainsi, à l'horizon 2030, la génération des « millennials » (ou génération dite Y, née entre 1980 et 1995) deviendra la classe d'âge dominante avec, selon les pays, un poids de l'ordre de 35 à 50 % de la population active. La génération X (née entre 1965 et 1980) constituera la population des seniors, si tant est que cette appellation ait encore un sens à un moment où l'allongement de la vie active, la volonté de poursuivre l'activité et l'opportunité de glisser vers d'autres statuts viendront brouiller les frontières entre actifs, salariés, indépendants et retraités. Et la génération Z (née après 1995), qui aura fait son entrée massive sur le marché du travail, constituera la classe des jeunes avec ses attributs et comportements présupposés spécifiques (communautaires, avides de connaissances, attachés au sens et aux valeurs...).

Cette évolution de la structure générationnelle n'est pas neutre. Certes, il est bien difficile de déterminer quelles seront les aspirations et les attentes de ces différentes générations à l'horizon 2030. La situation réelle du marché de l'emploi, les politiques de ressources humaines mises en place par les entreprises et l'évolution de leur modèle managérial seront bien évidemment des paramètres déterminants.

Risquons-nous cependant à un panorama prospectif en prenant comme hypothèse une certaine permanence des attentes et aspirations des classes générationnelles telles qu'elles peuvent apparaître en 2018 dans différentes études et sondages[4].

En 2030, les millennials, comme les générations qui les ont précédés, aspirent à occuper les rôles clés au sein de l'entreprise et à être au cœur des processus de décision. Leurs attentes vis-à-vis de leur parcours professionnel et de leur environnement de travail restent orientées « plaisir et épanouissement ». Demandeurs de plus de responsabilités, ils sont très attentifs à des parcours professionnels stimulants : missions hors de la routine, développement de compétences, opportunités de carrière et d'accession aux postes clés tant managériaux que d'expertise.

La génération X devient la classe senior. Elle aspire toujours à rester influente et à pouvoir transmettre son expertise, être impliquée, relever des défis et participer aux grands projets de l'entreprise. Animés par une fidélité et un fort esprit de loyauté, les seniors se sentent déstabilisés par la montée en puissance des millennials et par l'accélération du changement technologique et économique qui vient brouiller leurs repères.

Les jeunes représentés par la génération Z, nouveaux entrants sur le marché du travail, se distinguent par leur enthousiasme. Ils aspirent à être impliqués, à faire, à entreprendre pour apprendre, à travailler en collectif – avec, pour compétence distinctive, une bonne maîtrise des nouvelles technologies.

Les générations Y et Z questionnent tout particulièrement l'entreprise sur son impact sur la société. Elles ont soif de reconnaissance, soif de se sentir valorisées dans leur travail. Leurs attentes à l'égard du management sont fortes : celui-ci doit pouvoir leur faire confiance, les accompagner dans les situations difficiles, jouer un rôle de coach pour les faire progresser.

Comment les entreprises vont-elles prendre en compte ces mutations démographiques, l'évolution des formes d'emploi, les aspirations sociales communes et générationnelles dans un contexte de guerre des

4 Sources : Élodie Gentina et Marie-Ève Delécluse, *Génération Z : des Z consommateurs aux Z collaborateurs*, Dunod, coll. « Management/Leadership », 2018 ; baromètre Edenred-Ipsos, « Les millennials », 2016, https://www.edenred.com ; Deloitte, « Millennial Survey », 2018, https://www2.deloitte.com.

talents ? Vont-elles adapter leur modèle d'organisation, leur manière de fonctionner, leur politique de ressources humaines, leur modèle de management ? Et selon quelles modalités ?

Ces questions sont au cœur de la révolution des organisations. Les entreprises devront inventer des modes de gestion intégrés de leur main-d'œuvre qui concilieront les attentes et aspirations des freelances ou prestataires, avec les leviers d'engagement de leurs salariés.

5

De la responsabilité sociale à la responsabilité sociétale

La responsabilité sociale de l'entreprise (RSE), définie globalement comme « la responsabilité des entreprises vis-à-vis de leurs impacts sur la société[1] », reste pour l'opinion un concept abstrait quand il ne prête pas à sourire. La pression sur la rentabilité à court terme exigée par l'actionnaire semble, pour un grand nombre de personnes et plus particulièrement pour les jeunes générations, parfois contradictoire avec les discours généreux des entreprises sur leur volonté de réduire leurs effets négatifs et de développer les impacts positifs en matière environnementale et sociale. Pour les salariés et une grande partie de l'opinion, la RSE reste une affaire de communication, au mieux une ébauche de philanthropie sociale pour entretenir la bonne réputation de l'entreprise, si importante pour les consommateurs et l'attractivité des talents.

Cette perception peut sembler bien injuste au vu des efforts déployés et des résultats obtenus par les entreprises françaises. Ces dernières se distinguent en effet par des pratiques plutôt avancées et performantes en matière de RSE si l'on en juge le baromètre du ministère des Finances/EcoVadis qui révèle trois éléments majeurs (voir Figures 5.1 et 5.2).

....

1 Communication de la Commission au Parlement européen, au Conseil, au Comité économique et social européen et au Comité des régions, « Responsabilité sociale des entreprises : une nouvelle stratégie de l'Union européenne pour la période 2011-2014 », Bruxelles, 7 novembre 2012, COM(2011)681 final/2.

Sources des évaluations

La documentation analysée par une équipe d'experts RSE est constituée à l'aide de trois types d'inputs majeurs :

- les preuves documentaires du système de management RSE de l'entreprise évaluée,
- les informations recueillies auprès des parties prenantes (par exemple, les ONG et syndicats),
- les informations recueillies auprès des tiers de la profession (par exemple, les rapports d'audits, les bases de données propriétaires).

Critères des évaluations

Sept indicateurs de management sont analysés. Ces indicateurs sont organisés autour des trois axes suivants : politiques, actions et résultats.

Synthèse des évaluations

Une note globale sur 100 est attribuée à chaque entreprise évaluée. Elle correspond à la moyenne pondérée des notes obtenues sur chacun des quatre thèmes suivants : environnement, social, éthique des affaires, achats responsables.

Échelle de notation EcoVadis

QUALITÉ DU SYSTÈME DE MANAGEMENT RSE	SCORES	DESCRIPTION
INTANGIBLE	de 0 à 24	Pas d'action ou d'approche RSE tangible. Éventuelles condamnations ou controverses.
INCOMPLET	de 25 à 44	Approche RSE partielle, quelques mesures et engagements, approche non entièrement structurée
ADAPTÉ	de 45 à 64	Approche RSE adaptée au regard des enjeux auxquels l'entreprise est confrontée du fait de sa taille, son secteur d'activité et sa présence géographique. Reporting élémentaire.
EXEMPLAIRE	de 65 à 100	Approche RSE structurée et quantifiée, reporting détaillé et pratiques innovantes.

Figure 5.1 Méthodologie EcoVadis

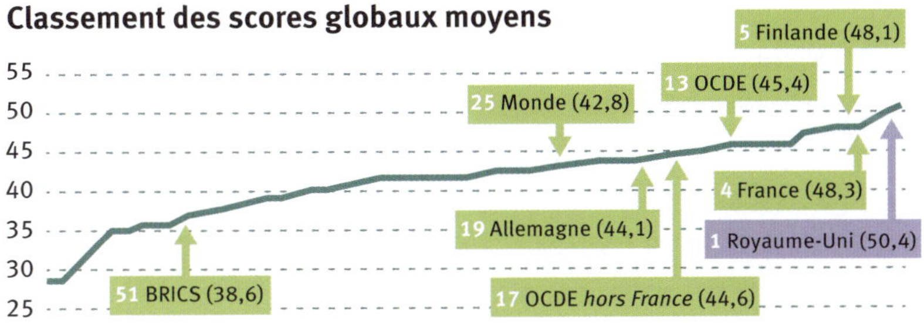

Top 5 du classement par pays : 1. Royaume-Uni, 2. Suède, 3. Danemark, 4. France, 5. Finlande

Figure 5.2 Résultats de l'enquête EcoVadis

Les entreprises françaises conservent une position de leader en termes de RSE et elles se classent devant les entreprises situées dans les Brics (Brésil, Russie, Inde, Chine et Afrique du Sud) et dans l'OCDE sur les thèmes environnementaux et sociaux sauf sur les enjeux de corruption et de pratiques anticoncurrentielles.

Les petites et moyennes entreprises (PME) et les entreprises de taille intermédiaire (ETI) françaises ont su saisir les enjeux auxquels elles font face en améliorant leurs scores, à l'instar de ceux des grands groupes français.

Les entreprises qui se sont engagées très activement dans les démarches RSE ont développé des approches vertueuses. Elles ont révisé, optimisé leurs processus et leur système de gestion pour inclure ces préoccupations environnementales et sociales. Dans cette perspective, des progrès significatifs ont été accomplis, en particulier pour :

- la structuration des processus de traçabilité pour une meilleure maîtrise des filières de production (qualité, sécurité, respect des droits fondamentaux chez les fournisseurs et sous-traitants) ;
- la gestion responsable des ressources (eau, énergie, matières premières, déchets) ;
- l'élaboration et le déploiement de politiques de sécurité et de santé pour les salariés ;
- une orientation du processus de développement produit vers des profils environnementaux et sociaux optimisés ;

- la mise en place de politiques de ressources humaines favorisant la diversité (hommes, femmes, minorités) ou de programmes pour permettre l'accès à l'éducation ou à l'emploi de personnes défavorisées.

En tant que telle, la RSE n'a pourtant pas fondamentalement bouleversé les structures organisationnelles des entreprises. Sont apparues tout au plus des fonctions en charge d'élaborer et de déployer les politiques RSE incluant la maîtrise des risques environnementaux et sociaux, voire pour certaines entreprises des nouveaux rôles pour le développement d'une offre responsable.

En revanche, les processus, les outils, les méthodes d'animation et de pilotage ont été à des degrés divers implémentés pour des besoins de *reporting* et, pour certaines entreprises, dans une démarche de progrès continu avec une implication forte des dirigeants.

Pour les grandes entreprises et un nombre croissant de PME, la RSE est devenue aujourd'hui un cadre de référence installé, un système intégré de gestion basé sur des standards mondiaux permettant de mesurer et d'objectiver les actions réalisées et de se comparer aux autres entreprises.

Néanmoins, si les pratiques RSE se sont réellement installées, elles sont loin d'avoir satisfait les aspirations de la société civile et surtout des salariés, notamment des millennials à la recherche de sens et attentifs aux contributions des sociétés aux grands défis de la planète. Les résultats du dernier baromètre 2018 Deloitte sont à cet égard éloquents.

Baromètre Deloitte, 2018

En 2015, Deloitte a demandé aux millennials ce qu'ils pensaient des motivations et de l'éthique des entreprises. Au cours des deux années suivantes (2016 et 2017), leur opinion s'est améliorée de façon assez significative. Cependant, les résultats les plus récents de l'enquête indiquent un revirement spectaculaire, chaque indicateur clé atteignant son plus bas niveau en quatre ans. Aujourd'hui, seule une minorité croit que les entreprises se comportent de façon éthique (48 % en 2018 contre 65 % en 2017) et que les chefs d'entreprise s'engagent à contribuer à l'amélioration de la société (47 % en 2018 contre 62 % en 2017). Les trois quarts d'entre eux voient les entreprises du monde entier se concentrer sur leurs propres objectifs plutôt que sur ceux de la société en général (contre 59 % en 2017), et près des deux tiers considèrent que les entreprises n'ont aucune autre ambition que de faire de l'argent (contre 50 % en 2017).

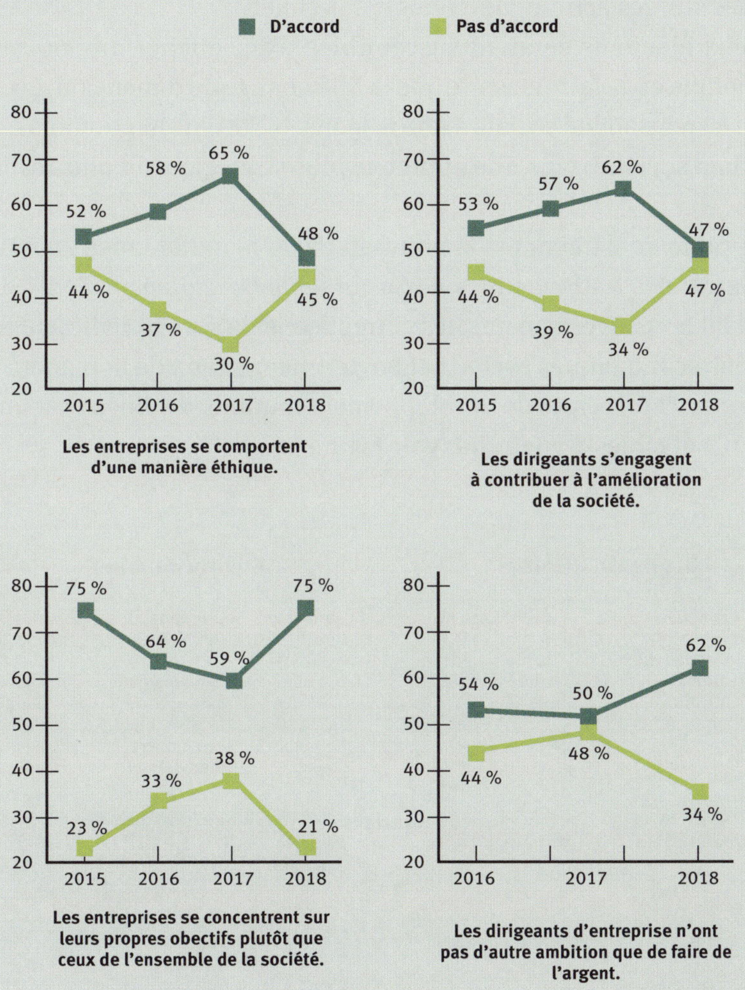

Figure 5.3 Baromètre Deloitte

Doute et scepticisme demeurent… Malgré des résultats tangibles, la RSE ne convainc pas totalement. Elle reste perçue comme trop gestionnaire, peu inspirante et secondaire par rapport aux objectifs financiers et de rentabilité pour les actionnaires. Sans doute parce que les politiques RSE sont, au sein de nombre d'entreprises, conçues comme des systèmes de gestion technocratiques, régulés par des experts. La communication externe est privilégiée sans impliquer les salariés sur des actions concrètes et tangibles.

Deux éléments seraient susceptibles d'enclencher une nouvelle dynamique et de faire en sorte que la RSE change de dimension, évolue d'une responsabilité sociale à une responsabilité plus large embrassant le champ sociétal dans une approche plus stratégique et plus responsable.

Le premier élément est le nouveau Pacte mondial lancé en 2015 à l'initiative des Nations unies, le *Sustainable Development Goal* (SDG) appelant les gouvernements, les entreprises et la société civile à relever les défis économiques sociaux et environnementaux de la planète sur la base de 17 principes de développement durable, déclinés chacun en objectifs et cibles à atteindre (voir Figure 5.5).

Figure 5.4 Des 10 principes du *Global Impact*…

Figure 5.5 ... aux 17 engagements du *Sustainable Development Goal (SDG)*

On notera que ces objectifs sont beaucoup plus larges que les dix principes de respect des droits de l'homme, de l'environnement et de lutte anticorruption qui avaient été portés par le précédent programme des Nations unies, le *Global Impact* (voir Figure 5.4). Le SDG couvre désormais le développement durable et social au sens très large, ce qui inclut la lutte contre la pauvreté et le réchauffement climatique, la santé, l'éducation.

De plus, dans les arguments destinés à inciter les entreprises à s'engager sur ce nouveau pacte, le discours n'est pas seulement défensif : il ne s'agit plus seulement de limiter les impacts négatifs de l'entreprise, mais plutôt de générer globalement des impacts positifs. Une bonne intégration de ces objectifs de développement durable dans la stratégie de l'entreprise ouvrira des opportunités de marchés considérables et aura un impact très positif pour la performance.

Si l'on se réfère au retentissement du pacte *Global Impact* lancé au début des années 2000, auquel plus de 9 000 entreprises ont adhéré, on peut se montrer raisonnablement optimiste sur le retentissement et l'impact qu'aura le nouveau pacte SDG, que ce soient en terme d'adhésion des entreprises ou de modèle de référence.

D'ailleurs, une étude menée en 2016 – soit un an seulement après la sortie du SDG – sur les 100 premières sociétés cotées indique que plus de 80 % des entreprises font référence dans leur rapport global ou de développement durable à tout ou partie de ce SDG.

Au-delà de l'initiative des Nations unies et de ses dix-sept objectifs de développement durable, le deuxième élément porteur d'une nouvelle dynamique de responsabilité sociétale nous vient d'entreprises pionnières en France et en Europe qui affichent leur volonté de redéfinir leur rôle et leur responsabilité face aux grands défis sociaux et environnementaux.

Ainsi, des sociétés comme Danone, Michelin, Engie, Veolia ou encore Sodexo placent au cœur de leur business model et de leur stratégie quatre piliers distinctifs qui préfigurent un nouveau modèle d'entreprise – qu'il soit dénommé durable, à mission, ou rassembleur des parties prenantes.

Le premier pilier est une mission exprimée avant tout comme une contribution positive à la société et à la planète. Qu'il s'agisse de Danone (« La santé par l'alimentation »), de Veolia (« Ressourcer le monde ») ou encore de Michelin (« Offrir à chacun une meilleure façon d'avancer »), la mission – la raison d'être – de l'entreprise se positionne avant tout par sa contribution au progrès humain et à son impact sur la société.

En support à cette mission, les métiers, les marques, les entités s'engagent et cela constitue un deuxième pilier, sur des offres de produits, de services et de solutions qui ont un impact positif et contribuent à une planète et une société plus harmonieuses.

Le troisième pilier est un modèle de création de valeur dual : succès financier et progrès social, environnemental et sociétal sont pilotés en résonance l'un avec l'autre dans une perspective de moyen/long terme. Les activités, les opérations et les processus sont alignés avec ce double objectif.

Enfin le quatrième pilier pose que le partage de la valeur créée avec l'ensemble des parties prenantes n'est plus seulement un discours, mais une ambition déclinable sur de nouvelles modalités : nouveau modèle d'engagement et de coopération avec les clients, les partenaires, les collaborateurs (actionnariat salarié, dispositif de partage des bénéfices partout dans le monde), actions en faveur de la lutte contre la pauvreté, de l'accès à l'emploi...

À l'horizon 2030, personne n'est en mesure de déterminer quel sera l'impact réel de cette évolution vers la responsabilité sociétale assumée par les entreprises. Quel sera d'abord l'état d'esprit des investisseurs ? Resteront-ils focalisés sur la rentabilité à court terme, ou s'inscriront-ils dans cette voie ? C'est ce que souligne Hubert Joly, CEO français de l'entreprise américaine de vente de matériel électronique, Best Buy :

> *« Les investisseurs sont assez sophistiqués. Ils comprennent ce qu'il faut pour assurer le succès à long terme d'une entreprise, comment une main-d'œuvre motivée et engagée peut créer des perspectives commerciales positives qui se traduisent par de meilleurs résultats financiers. De plus, il est de notre responsabilité, en tant que leaders, de répondre aux besoins de toutes nos parties prenantes. Le court terme ne peut pas être une excuse pour une mauvaise gestion. »*

Combien de sociétés, au-delà de leur adhésion au pacte du SDG, mettront effectivement en œuvre des programmes solides qui viendront faire évoluer durablement leurs modèles d'affaires, leurs processus, leurs modes d'organisation ?

Assistera-t-on à la multiplication des entreprises dites à mission ou sociales et écologiques, qui marqueront leur engagement sociétal dans leur stratégie et leur gouvernance (inscription de leur raison d'être dans leurs statuts, généralisation de la labellisation type B Corp[2]...) ?

Ce qui est certain, c'est que la référence à une entreprise à impact social positif, qui résonne avec les attentes des générations Y et Z, constituera pour nombre d'entreprises un modèle, une ambition qui

....

2 La certification dite « B Corp » (aussi connue sous le nom de certification « B Lab » ou « B Corporation ») est octroyée aux sociétés commerciales (à but lucratif) répondant à des exigences sociétales et environnementales de gouvernance ainsi que de transparence envers le public. Cette certification est attribué par B Lab, un organisme à but non lucratif établi aux États-Unis, en Europe, en Amérique du Sud, au Canada, en Australie et en Nouvelle-Zélande.

Figure 5.6 Les forces à l'œuvre aujourd'hui

pourrait révolutionner la manière de travailler, de s'organiser et d'engager durablement les hommes et les équipes.

Ce qui est plus aléatoire et indéterminé aujourd'hui, c'est la façon dont une réelle prise en compte de la responsabilité sociétale fera évoluer les modèles d'organisation et de gouvernance au-delà de l'élaboration du processus de planification stratégique et des conséquences d'une labellisation plus exigeante (par exemple, B Corp).

Nous vivons des moments intenses de mutations technologiques, économiques, sociales et sociétales qui vont profondément changer l'environnement et l'univers concurrentiel des entreprises.

Rarement dans l'histoire s'est présentée une période aussi riche d'opportunités de changement dans la manière de produire, de travailler, de coopérer, de commercer. En ce sens, et pour filer la métaphore du titre du livre, le contexte est potentiellement révolutionnaire. Des lignes de force apparaissent au confluent ou à l'intersection de ces différentes mutations qui ouvrent la voie à des initiatives porteuses de nouveaux modèles organisationnels (voir figure 5.6).

Resitué sur un temps long et rapporté aux précédentes révolutions, le champ des possibles est aujourd'hui immense : accélération du mouvement d'automatisation des modèles opérationnels au niveau de l'atelier ou des bureaux, foisonnement d'innovations dans les modes de travail permis par les technologies venant répondre aux préférences et aspirations des différentes générations, modèle d'entreprise conciliant progrès humain et performance durable.

Entre les opportunités offertes par les mutations de l'environnement et les réalités des évolutions des organisations et des manières de travailler au sein des entreprises, le paysage est contrasté. Nous verrons dans la partie suivante comment les entreprises, et surtout les plus grandes d'entre elles, adaptent prioritairement leur structure centrale et tentent d'expérimenter de nouveaux modèles.

Partie II

Des entreprises qui évoluent et expérimentent de nouvelles manières de travailler

Jay R. Galbraith, auteur référent en design des organisations, rappelait dans un article[1] les évolutions qui ont façonné au cours du temps l'architecture des entreprises américaines. Au début du 20e siècle, le modèle dominant était l'entreprise intégrée verticalement, centralisée, organisée par fonctions avec une coordination par la ligne hiérarchique (autorité de commandement) et par la spécialité (staff, autorité d'expertise). Sous l'impulsion de quelques firmes pionnières, Alfred Chandler[2] a bien décrit comment ce modèle initial avait évolué dès les années 1930 au sein de groupes comme General Motors ou DuPont de Nemours vers des structures plus divisionnelles où les entités organisées en centres de profit disposaient de leurs propres fonctions support, les fonctions centrales restant orientées sur la stratégie et l'élaboration des politiques.

Portées par un mouvement d'internationalisation qui s'est accéléré à partir de la fin des années 1970, les entreprises américaines ont intégré progressivement une dimension supplémentaire dans leur organisation : la dimension géographique. Pays et régions se sont ajoutés à la structure, bien souvent en *reporting* direct auprès du PDG. Dans son architecture, l'entreprise devenait alors tridimensionnelle avec les métiers, les fonctions et les pays/régions.

Dans les années 1990, des entreprises comme Procter & Gamble ou IBM ont tenté d'ajouter une quatrième dimension, la dimension client, dans la structure de leur organisation. Si ces entreprises ont abandonné aujourd'hui cette structuration client, une organisation structurée par clients demeure pertinente, comme le souligne Éric Delavallée[3], pour les entreprises :

- dont les clients sont puissants et attendent des solutions sur mesure ;
- dont l'avantage concurrentiel est issu d'une bonne connaissance des clients ;

1 Jay R. Galbraith, « The Future of Organization Design », *Journal of Organization Design*, vol. 1, n° 1, 2012, p. 3-6.

2 Alfred D. Chandler, *Stratégies et structures de l'entreprise*, traduit de l'américain par Philippe Schaufelberger, Éditions d'Organisation, coll. « Les classiques EO », 1994.

3 Éric Delavallée, *Transformer son organisation : alignement stratégique & agilité opérationnelle. 6 principes opérationnels*, Maxima-Laurent du Mesnil éditeur, 2016.

- qui ont une clientèle « segmentable » de telle manière que des produits ou services différents peuvent être offerts à chaque catégorie de clients.

Cette dimension client, au premier niveau de la structure organisationnelle, c'est-à-dire reportant directement à la direction générale, se retrouve dans des entreprises du secteur des biens intermédiaires (*B to B*), et notamment dans les entreprises de services numériques, médias ou de conseil.

La multiplication des dimensions (fonctions, ligne métiers, géographie, clients) comme principe de structuration des organisations a conduit à une complexité dans les mécanismes d'intégration et de coordination des entités. Pour réussir la prise en compte de ces différentes dimensions, des modes de fonctionnement matriciels se sont développés, générant des perturbations fortes auprès d'un management écartelé entre des objectifs et des modes de *reporting* souvent paradoxaux.

D'autant que, pour pallier cette complexité, s'est ajouté le communément appelé « mode projet » afin de tenter de supplanter les biais hiérarchiques induits par un fonctionnement matriciel fonctions/métiers, et ainsi de travailler plus transversalement avec une responsabilité donnée à des chefs de projet. Par expérience, ceux-ci passent d'ailleurs l'essentiel de leur temps à concerter fonctions et métiers pour trouver des consensus et atteindre les objectifs de leurs projets.

Dans l'article précité, Jay R. Galbraith s'interrogeait en outre sur l'émergence d'une cinquième dimension qui serait portée par la révolution technologique et qui se structurerait plus précisément autour de la donnée : « *There will be another dimension – a dimension based on "Big Data" that will be added to enterprise structures of the future.* » Pour preuve, poursuivait l'auteur, la volonté de nombre d'entreprises de centraliser leurs bases de données, jusque-là dispersées dans les *business units*. Par l'utilisation d'algorithmes et de modèles analytiques, les entreprises cherchent à générer des analyses renouvelées et pertinentes à partir de ces masses de données hétérogènes. Compte tenu de leur importance, ces entités de données (unités gérant les données ou ayant pour fonction de les analyser) sont considérées comme stratégiques, de premier niveau, et sont positionnées de plus en plus en *reporting* direct avec la direction générale.

Des bouleversements sans précédent, et notamment l'accélération de la vague technologique, les nouveaux rapports au travail ou la nouvelle étape du processus de mondialisation décrits dans la partie précédente, se sont-ils traduits par des évolutions d'architecture des structures organisationnelles au sein des entreprises ? Les quatre dimensions décrites par Jay R. Galbraith pour les entreprises américaines et plus globalement pour les grandes entreprises internationales (métiers, fonctions, géographie, clients) sont-elles toujours pertinentes pour caractériser l'organisation et les dynamiques en cours ? Assiste-t-on réellement à l'émergence d'une cinquième dimension liée à l'accélération de la vague technologique ?

Pour tenter de répondre à ces questions, nous avons procédé à un recensement des évolutions récentes en matière d'organisation de grandes entreprises du secteur privé concurrentiel, et principalement des groupes du CAC 40.

Cinq mouvements annonciateurs de transformations d'importance semblent se dégager :

1. une volonté affirmée vers la régionalisation et la simplification des organisations ;
2. des organisations plus ouvertes intégrant des écosystèmes construits avec les clients et les partenaires ;
3. l'émergence effective, mais sous des formes très diversifiées, d'une cinquième dimension au niveau des structures autour de la donnée, de la transformation digitale ou de l'innovation ;
4. l'expérimentation de nouveaux modèles organisationnels au niveau des entités, des services ou des ateliers ;
5. la mise en avant d'une nécessaire transformation managériale comme facteur clé de succès de la diffusion de modèles organisationnels plus agiles.

6

Une tendance marquée à la régionalisation et à la simplification des organisations

Régionalisation

Thomas Buberl, directeur général d'Axa, exprimait de façon assez exemplaire le changement d'organisation qui avait marqué son entrée en fonction en 2017 :

> *« Nous voulons une empreinte géographique plus simple, concentrée sur les marchés où nous pesons et où nous pouvons changer la vie de nos clients. Nous voulons une organisation plus simple. Nous avons resserré l'organisation, réduisant considérablement la distance entre le chauffeur de taxi qui détient une police d'assurance à Shangai et le PDG du groupe. Nous avons également permis aux entités locales d'accélérer leur tranformations et de mieux répondre aux besoins des clients »*

Désormais, le groupe opère principalement à travers cinq zones géographiques (France, Europe, États-Unis, Asie et « *International New Markets* ») et deux entités transversales centrales – gestion d'actifs et assurance des grands risques internationaux – assurant des gestions globales. La structure du siège du groupe est simplifiée par rapport à la structure précédente, qui juxtaposait des structures métiers et géographiques. L'abandon des lignes métiers permet de supprimer deux niveaux hiérarchiques, clarifie les rôles et les responsabilités et facilite la prise de décision au niveau local. Chez Axa, cette régionalisation s'accompagne d'un nouveau rôle en central de directeur des opérations en charge de déployer l'excellence technique et la transformation.

L'exemple d'Axa n'est pas isolé. Dans un secteur très différent, le groupe Engie s'est doté d'une nouvelle organisation simplifiée, plus proche de ses clients et des territoires avec des lignes hiérarchiques plus courtes favorisant l'ancrage local et la synergie de ses métiers. Le groupe est dorénavant organisé en 24 entités opérationnelles (*business units*), constituées pour la plupart à l'échelle d'un pays ou d'un groupe de pays, selon la densité d'activités recensées (voir Figure 6.1).

Ces *business units* rassemblent les activités du groupe à même de répondre, sur un territoire donné, aux attentes de leurs clients. Cinq lignes métiers complètent cette organisation géographique. Elles sont chargées de l'expertise par domaine d'activité et de l'accompagnement au développement des *business units*. Le siège d'Engie a été repositionné dans un rôle de « vitrine », de moteur de nouvelles approches, avec un sens du service accru et une orientation client forte.

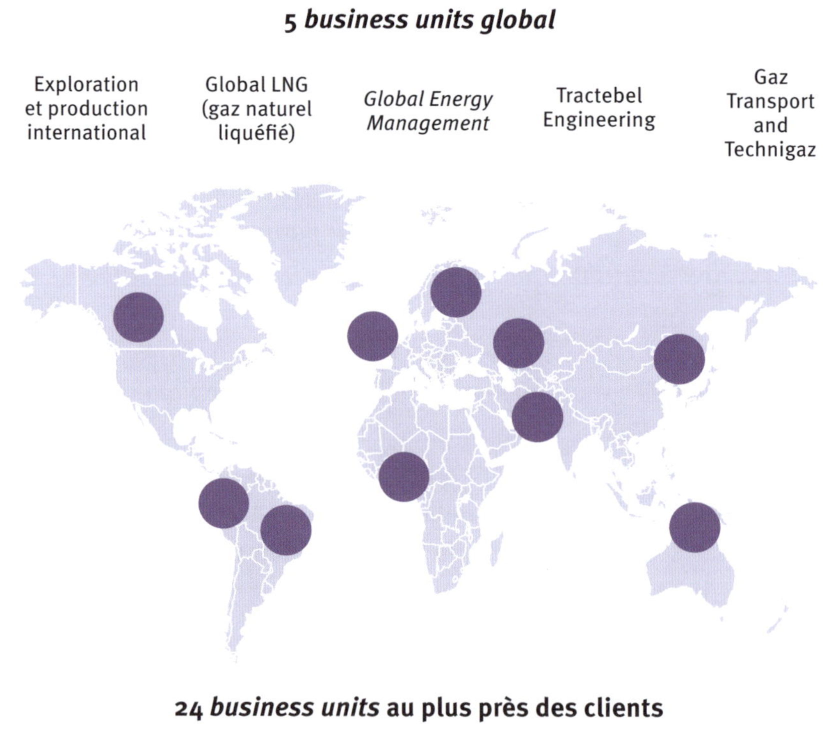

Figure 6.1 Organisation globale d'Engie

Chez Renault, les régions disposent en propre, au-delà de leurs usines, de centres d'ingénierie et de *design centers* (voir Figure 6.2).

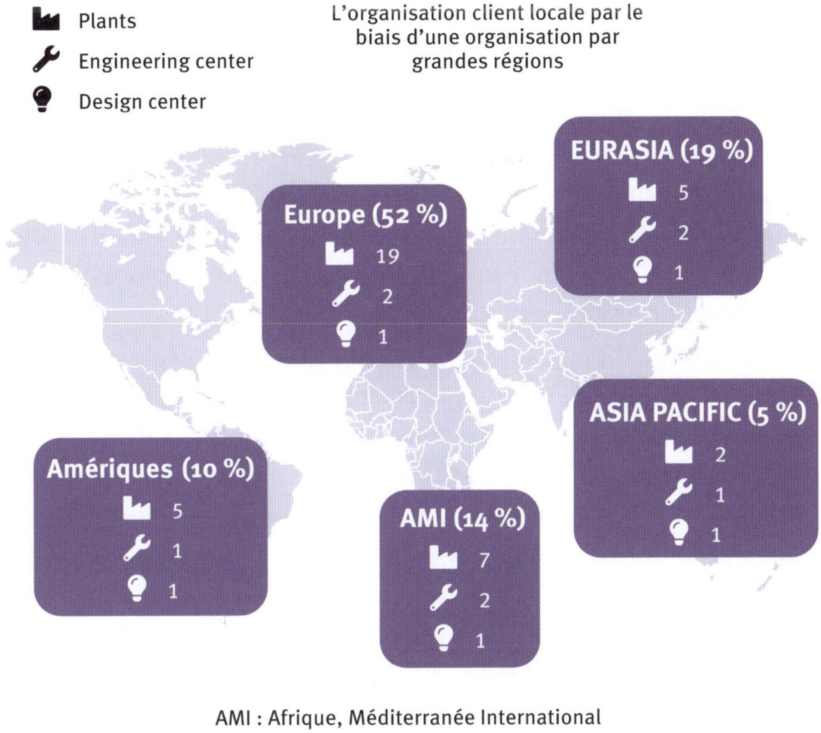

Figure 6.2 Organisation globale de Renault

Ce mouvement de régionalisation, observable chez Axa ou Engie, déployé également chez Veolia, Danone ou Renault, s'inscrit dans de nouveaux principes organisationnels et de gouvernance que l'on pourrait synthétiser comme suit :

- aller vers un modèle plus décentralisé, avec des entités possédant la taille critique (pays/régions) à même de répondre avec efficacité aux enjeux du marché et aux attentes des clients ;
- responsabiliser des leaders régionaux (les patrons de régions) impliqués pleinement dans la stratégie et la gouvernance de l'entreprise, focalisés sur leurs clients locaux et disposant des leviers opérationnels pour déployer avec succès la stratégie du groupe ;

- démultiplier des expertises/compétences centrales tant pour les fonctions opérationnelles métiers que pour les fonctions support pour faciliter les synergies ;
- promouvoir les échanges et les liens entre entités locales au sein d'une même région autour d'objectifs et de valeurs communes pour enclencher une nouvelle dynamique d'engagement.

Ainsi, au primat de la verticalité des structures autour des lignes métiers et des fonctions centrales se substitue un modèle où la *business unit* pays, territoire, responsabilisée sur son activité, devient l'élément structurant de l'organisation.

Le modèle par pays, région, devient alors l'organisation optimale pour servir au mieux les clients, casser les silos et se concentrer sur le résultat et la gestion des ressources. Les métiers, les fonctions opérationnelles et les fonctions support en central, les centres de services partagés (*business services*) viennent en appui à ces *business units* locales, pour favoriser les synergies, accompagner leur développement et optimiser les coûts.

Simplification

Comme nous l'avons vu pour Axa, le mouvement de régionalisation s'accompagne de la suppression de structures intermédiaires (siège des lignes métiers) permettant un raccourcissement des niveaux hiérarchiques et un premier pas vers la simplification.

D'autres entreprises comme Natixis cherchent à simplifier leur organisation en s'attaquant au nombre de niveaux hiérarchiques (voir Figure 6.3). L'objectif drastique est d'aller vers la suppression de deux niveaux hiérarchiques et d'accepter un accroissement du nombre de personnes que chaque manager devra gérer (« *span of control*[1] ») de 35 %.

....

1 « *Span of control* » désigne l'étendue des responsabilités d'un manager, et notamment le nombre de collaborateurs sous sa responsabilité.

Natixis veut remettre à plat son organisation

Sharon Wajsbrot – Le 19/09/17 à 19h06 – *Les Echos*

La banque a engagé la suppression de strates hiérarchiques en interne pour gagner en agilité et accélérer ses processus de décision.
Parmi les plus gros employeurs du secteur privé, les banques sont à la recherche de plus d'efficacité. Après Société Générale, Natixis a lancé un vaste chantier pour remettre à plat ses structures hiérarchiques et accélérer les processus de décision en interne (...)

Pour les salariés du groupe, c'est une véritable révolution qui se prépare. « Nous avions beaucoup de managers d'équipe de petite taille car la reconnaissance passait très souvent par la promotion au grade de manager. Cela doit évoluer car un certain nombre de ces managers avaient davantage un profil d'expert. Désormais, les collaborateurs pourront évoluer dans trois types de parcours de carrière ; ils pourront être promus "*expert leader*", "*project leader*" ou "*manager leader*". Trois rôles également valorisés qui pourront donner accès aux cercles de leadership de l'entreprise », explique Cécile Tricon-Bossard, directrice adjointe des ressources humaines chez Natixis.

L'objectif ? Disposer de managers qui ont effectivement des marges de manœuvre pour prendre des décisions, développer des circuits de prise de décision plus courts, plus adaptés aux exigences du digital et s'adapter aux nouvelles méthodes de travail promues par les entreprises de la Tech.
Concrètement, les « leaders » désigné par Natixis devront servir de relais aux managers pour former les équipes ou valider des projets. Ils doivent ainsi permettre aux managers de se concentrer sur l'animation d'équipes plus grandes.

Dans la banque, la mise en musique de ces principes nécessitera de redoubler de pédagogie. « Les managers directs de cinq personnes au moins (soit 68 %) des managers du groupe) devront accepter leur affectation ou se mettre en mobilité dans le groupe, certains risquent de voir leur nouvelles fonctions comme une punition », avertit un représentant syndical du groupe. Le changement culturel reste à inventer.

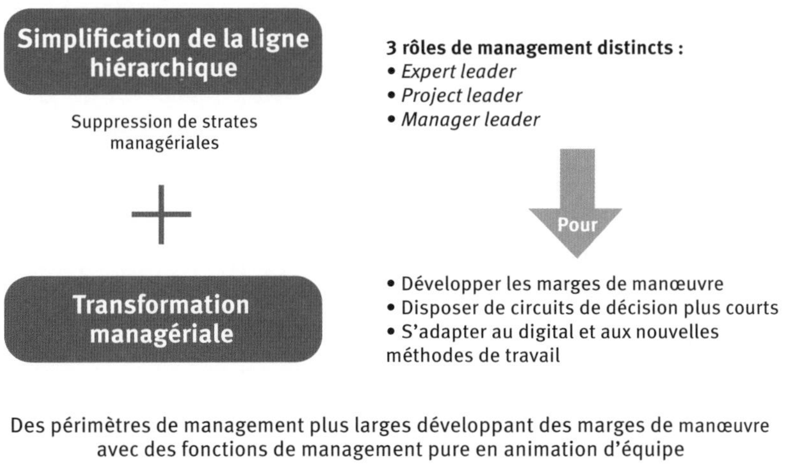

Figure 6.3 La simplification hiérarchique chez Natixis

Certaines entreprises ont érigé la simplification comme un impératif global qui va au-delà d'un aménagement des structures. Dans cette perspective, le PDG de Carrefour s'est fixé quatre objectifs prioritaires de simplification lors de la présentation du plan de transformation Carrefour 2022 :

- se centrer sur les projets orientés clients, ce qui suppose l'abandon des projets dans des domaines non prioritaires, facteurs de dispersion ;
- simplifier les processus : moins de niveaux hiérarchiques, plus de transversalité ;
- renouveler les objectifs en alignant les équipes sur des objectifs communs et en garantissant la cohérence de l'action managériale ;
- simplifier l'organisation des sièges par une rationalisation des sièges pays et groupe associée à une réduction des effectifs.

L'évolution du comportement et du management est un facteur clé de succès de ce mouvement en cours vers la simplification. L'aménagement des structures est souvent un prérequis, en aucun cas une condition suffisante.

7

Des organisations plus ouvertes intégrant des écosystèmes construits avec les clients et les partenaires

Fin 2017, dans sa présentation aux investisseurs de son plan stratégique, le PDG du nouveau groupe Fnac Darty expliquait comment la troisième révolution digitale dans le commerce allait bouleverser les modèles et les structures existantes.

Au début des années 2000, le développement des plateformes de e-commerce avait marqué la première révolution digitale. Déconnectés du réseau physique des magasins, les sites du e-commerce avaient cherché avant tout à développer les ventes en ligne, structurer une communauté, cibler leurs campagnes promotionnelles à partir d'outils CRM (*customer relationship management*) dans un contexte de pression concurrentielle intense de nouveaux acteurs, et notamment d'Amazon.

À partir des années 2010, Fnac Darty, comme beaucoup d'acteurs du *retail*, a engagé sa mutation vers une stratégie multicanale. L'enjeu est alors devenu la complémentarité avec le réseau physique des magasins, l'adaptation à tous les supports (mobiles), ainsi que l'enrichissement de l'expérience consommateur par un élargissement de l'offre à de nouvelles catégories et de nouveaux services (« *click and collect* »).

Aujourd'hui, nous sommes entrés dans la troisième révolution digitale, qui se caractérise par l'avènement de plateformes du commerce pensées comme un service (« *retail as a service platform* »).

Cette vision de « *retail as a service platform* » de Fnac Darty s'inscrit dans l'évolution d'un business model structuré autour d'une plateforme multiface. Selon Guy Parmentier et Romain Gandia, « en offrant un espace de marché où plusieurs groupes d'utilisateurs peuvent consommer des produits et des services, la plateforme est une ressource technologique, stratégique et économique clé pour le business model car elle contribue à structurer la proposition de valeur et la captation de cette valeur[1]... »

Plus précisément (voir Figure 7.1), la plateforme multiface du groupe Fnac Darty permet :

- du côté des fournisseurs et des marques, de structurer un espace de marché large pour le *sourcing*, la démultiplication des innovations, l'optimisation logistique ;
- du côté du consommateur, de développer une expérience consommateur incomparable avec une offre très large de produits personnalisés associée à une expérience service premium : livraison, après-vente, assistance à domicile, programme de fidélité.

Avec 36 millions de clients fin 2017, on mesure le flux de données gigantesque que devrait générer le groupe Fnac Darty et les effets de réseau que ces plateformes vont exploiter, enrichies par une amélioration continue de l'interface utilisateur et des algorithmes prédictifs.

Ce nouveau business model d'entreprise plateforme va impacter fortement l'organisation de l'entreprise. Prenons un exemple sur la base de la promesse d'une expérience sans couture (« *deliver seamlessness* ») : Arthur, 30 ans, souhaite acheter un nouveau « *sound system* ».

Il va d'abord sur Google voir quelles marques il peut trouver. Il demande ensuite à ses amis sur Facebook s'ils connaissent ces marques et ce qu'ils en pensent. Après avoir sélectionné deux marques, il se rend sur les sites d'avis consommateurs et les forums spécialisés pour savoir si les internautes en sont satisfaits. Il va ensuite en magasin spécialisé. Il a alors déjà choisi sa marque *via* sa navigation sur les réseaux sociaux et les sites d'avis, mais il demande des éclaircissements et une confirmation au vendeur sur certains points techniques. Il sollicite ensuite un crédit sur trois mois.

Le *sound system* est livré neuf jours après par le service du magasin, mais il a été endommagé pendant le transport... et il faudra attendre trois semaines pour une nouvelle livraison. L'enthousiasme d'Arthur commence à être sérieusement mis à mal et tourne à la frustration.

1 Guy Parmentier et Romain Gandia, « Redesigning the Business Model: From One-Sided to Multi-Sided », *Journal of Business Strategy*, vol. 38, n° 2, avril 2017, p. 52-61.

Pour les marques et les partenaires

• Une plateforme de *sourcing* forte pour aller chercher une base clients plus larges tirant partie des innovations et protégeant les données
• Une *market place* pour les vendeurs
• Une plateforme logistique ouverte (livraison, ...)
• Des canaux ouverts pour les fournisseurs de contenus (Deezer, Canal+...)

Protégeant les données et assurant l'accessibilité

Pour les clients

• Une expérience client unique et incomparable
• Une offre de produits large, premium et compétitive
• Une personnalisation : offre ciblée
• Une expérience de service unique : (livraison premium, après vente, assistance à la maison, programme de fidélité)

Offrir la meilleur expérience client "Best Value for Money"

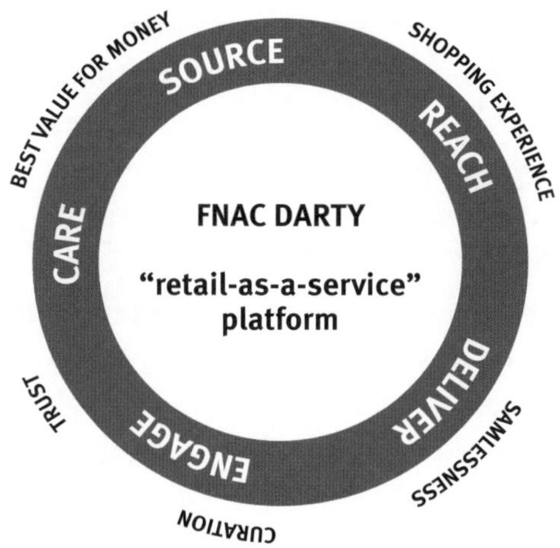

Figure 7.1 La plateforme Fnac Darty

Trois jours après sa livraison, l'appareil connaît un problème au niveau des enceintes. Arthur raconte alors son histoire sur Facebook et obtient 1 254 likes et 87 commentaires en soixante-douze heures, mais aucune intervention de la marque ni du magasin. Il se plaint aussi sur Twitter, sans plus de résultat. Il va même jusqu'à publier une *story* sur Snapchat. Il inscrit des notes très basses sur le site de la marque ainsi que sur celui du magasin. Après onze jours, il obtient finalement des excuses de la part du service de communication de la marque, qui s'accorde avec le magasin pour un remplacement des enceintes défectueuses sous quatre jours.

Au final, de nombreux services auront été impliqués dans la réputation digitale de la marque qu'ont pu se forger Arthur et sa communauté web sur la chaîne hi-fi et le magasin : le marketing digital, la cellule *social media*, le service relation client, le service finance-crédit-consommation, le service commercial, la logistique, ou encore le service communication.

La perception de la marque par Arthur se construit, à travers cet exemple simplifié, sur un parcours d'une dizaine de points de contact avec la marque, alternant le canal digital (Facebook, Google, site Internet de la marque, réseaux sociaux...) et le canal physique (magasins, logistique...). Pour que ce parcours se transforme en une expérience, l'organisation doit se repenser complètement : la chaîne de valeur ainsi créée n'est plus un séquencement de services propres à l'entreprise, mais elle implique des partenaires (magasins) ou des intermédiaires (transport des marchandises) qui doivent de façon concomitante et coordonnée délivrer une expérience client unique.

L'amélioration de l'expérience client passe aussi par une collecte, une structuration et une analyse de toutes les « traces digitales » qu'Arthur a laissées tout au long de son parcours pour mieux comprendre sa logique d'achat et ainsi mieux coller à ses pratiques d'achat. Si on peut en outre collecter des données sur ses usages du *sound system*, il sera possible de développer de nouvelles fonctionnalités pour les futurs produits/services.

Avec l'exemple de l'achat par Arthur de son *sound system*, on prend conscience de l'importance que prennent les données dans la personnalisation client et la gestion des flux au sein d'une entreprise étendue.

8

Vers la cinquième dimension ?

Pour reprendre le fil rouge de Jay R. Galbraith, assiste-t-on vraiment à l'émergence de cette cinquième dimension centrée autour des données et qui deviendrait, à l'instar de la géographie, des métiers, des fonctions, voire des clients, un principe fort d'organisation ?

La réponse à cette question est loin d'être tranchée au sein des entreprises, comme le révèlent les différentes tendances observables, notamment sur la place et le rôle des fonctions centrées sur la transformation digitale dans l'organisation.

En effet, et comme le montrent de façon convergente différentes études[1], deux rôles bien distincts émergent à la fois dans les grandes entreprises et les ETI :

- un rôle de *chief digital officer* dont les responsabilités sont très larges, car sa mission est globalement d'accompagner la transformation digitale. Aussi on y retrouve, selon les entreprises, des activités centrées sur l'élaboration de nouveaux modèles économiques, la structuration de l'expérience client, le pilotage de l'innovation et l'acculturation digitale des différentes fonctions. Cette fonction éminemment transverse peut rencontrer des résistances en interne par rapport aux responsabilités verticales des directions fonctionnelles ou métiers. Comme le souligne Anselme Jalon, « le rôle de *chief digital officer* n'est pas facile. Sa réussite dépend pour beaucoup de la place qu'il occupe dans l'entreprise. Sa tâche est évidemment plus simple si le CDO fait partie du Comex et dispose d'un budget propre ». Or, selon le baromètre Viséo, en 2016 seuls 48 % des *chief digital officers* étaient rattachés au président ou au directeur général ;

....

1 « *Chief digital officer* et *chief data officer*, hérauts de la transformation digitale des entreprises », re.sources, juillet 2017 ; « *Chief data officer*, ce nouveau CDO », Bpifrance, mars 2017, https://www.bpifrance.fr.

- un rôle de *chief data officer* dont les contours sont mieux définis. Il se concentre sur l'élaboration et l'architecture des bases de données, la gouvernance des pratiques de gestion de données dans un cadre réglementaire rigoureux (Règlement général sur la protection des données – RGPD). Le *chief data officer* co-construit par ailleurs avec les métiers des cas d'usages qui vont permettre de formaliser des modèles prédictifs très contributeurs de valeur pour l'expérience utilisateur, le capital humain ou l'optimisation des flux et des données.

À terme, l'avenir du *chief data officer* est plus assuré que la fonction de *chief digital officer* qui serait une fonction plus éphémère d'accompagnement vers la transition digitale. Le *chief data officer* devient une fonction pérenne (voir Figure 8.1), car la donnée est de plus en plus considérée comme un actif et une priorité stratégiques. Le positionnement et le poids du *chief digital officer* dans l'organisation devraient naturellement être en cohérence.

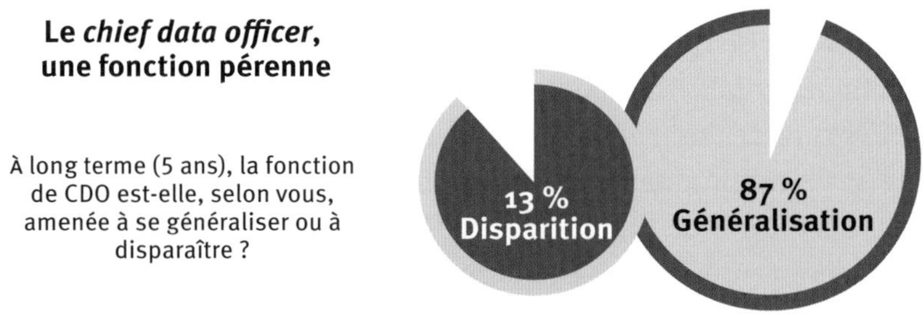

Source : Baromètre Novamétrie 2017 des CDO

Figure 8.1 Le *chief data officer*, une fonction pérenne

Ainsi, la prédiction d'une cinquième dimension par Jay R. Galbraith devient une réalité. La donnée, comme nous le verrons dans la dernière partie sur l'architecture adaptée aux nouveaux enjeux de l'entreprise, est un paramètre clé du design organisationnel.

9

L'expérimentation de nouveaux modèles organisationnels au niveau des entités, des services ou des ateliers

L'évolution des structures centrales précédemment décrites concerne l'architecture globale de l'entreprise. Nous avons cherché à montrer quels sont les grands principes qui fondent cette architecture et comment, sous l'influence de grandes mutations technologiques, économiques et sociales, les piliers de cette architecture globale évoluent au sein des grands groupes français. Participent également des fondations d'une grande entreprise, les processus et le système de management de la performance qui sont censés être un socle commun de modes opératoires applicables à l'ensemble des entités d'un groupe.

Au sein de cette architecture globale, les directions des entités disposent de marges de manœuvre pour faire évoluer leur organisation et aménager les modes de fonctionnement. Au niveau local, des managers éclairés ou visionnaires cherchent à innover, à expérimenter de nouveaux modèles organisationnels qui pourront faire l'objet d'une extension à un niveau plus large : région, ensemble d'une fonction, ou généralisation comme modèle référent pour le groupe.

Parmi les multiples expérimentations observées, de nouvelles formes d'organisation émergent au niveau des ateliers, des bureaux, des fonctions support, des processus transverses. Aucun modèle normatif n'est à l'origine de ce foisonnement d'expérimentations. Elles relèvent de configurations très variées dans des secteurs très divers, certaines étant encore en phase pilote, d'autres émergeant comme un modèle en construction appelé à se démultiplier :

- Au niveau des ateliers, les innovations organisationnelles recouvrent des formes multiples : projet îlots responsabilisants expérimenté en usine chez Michelin et Airbus, usine flexible chez PSA, usine pilote industrie du futur (industrie 4.0) dans l'aéronautique ou l'automobile.

- Au niveau des bureaux, il s'agit davantage d'évolutions des modes de travail, accélérées par l'installation dans de nouveaux espaces de travail et la diffusion de nouveaux outils. Le *flex office*, le *coworking*, participent de ce mouvement.
- Au niveau des processus transverses, des évolutions d'organisation se développent dans la perspective d'optimisation des temps de cycles, de facilitation des prises de décision et de fluidité dans le partage des informations. Le concept d'« *acceleration team* » expérimenté dans des entreprises de la grande consommation – en particulier chez Danone et Nestlé –, la mise en place de méthodes et de modes de coopération agiles pour les ressources informatiques et techniques, le BIM (*building information modeling*) pour la filière construction en sont quelques illustrations.

Les encadrés ci-après précisent quelques-unes de ces expérimentations remarquables, qu'il s'agisse de l'organisation responsable chez Michelin, de nouveaux espaces de travail ou de la plateforme BIM chez Vinci (voir figure 9.1).

Michelin : les îlots d'organisation responsabilisés[a]

De 2004 à 2011, la direction du groupe met en place un système mondial de Lean management, Michelin Manufacturing Way, qui permet d'obtenir dans un premier temps des gains substantiels de productivité (30 % en cinq ans) mais qui finit par montrer ses limites. L'organisation responsabilisante qui avait été expérimentée sous des formes diverses dans les années 1990 aux États-Unis et en Allemagne est relancée avec un nouveau projet : le projet management autonome de la performance et du progrès (Mapp), qui est expérimenté sur 18 sites industriels en France, Pologne, Canada, États-Unis – soit au total 38 îlots de fabrication.

(a) « À la recherche d'un nouveau modèle d'organisation et de management chez Michelin », *Le Journal de l'École de Paris du management*, n° 126, avril 2017, p. 38-44.

L'organisation responsabilisante	Îlots de fabrication de 35 à 45 personnes encadrées par un agent de maîtrise. Les agents de fabrication ont les compétences et les autorisations pour mettre en œuvre la totalité du système de production. Résolution par les équipes d'un grand nombre de problèmes et d'aléas sans dépendre des services support (professionnels de la maintenance, régleurs et techniciens).
Premiers retours d'expérience	La démarche d'expérimentation s'inscrit dans la durée (période de quatre à cinq ans). Décision a été prise d'étendre la démarche à 6 usines complètes. Le niveau d'engagement, mesuré par les baromètres, a augmenté au global de 5 points pour les ouvriers et, dans ce bon résultat, la démarche de responsabilisation a joué un rôle clé. Des réflexions sont engagées pour étendre l'expérimentation au service tertiaire (hors unités de production).

Les nouveaux espaces de travail[a]

Trois principaux vecteurs génèrent la mise en œuvre de nouveaux espaces de travail :

- des opportunités techniques (économies financières, regroupement d'entités...) ;
- une volonté de matérialiser une vision et un positionnement stratégique (ouverture vers le client et l'écosystème, orientation vers le développement durable, positionnement premium).

Espaces et outils : principales tendances	
Open space nouvelle génération	Pour générer plus d'interactions entre les collaborateurs, les postes de travail sont regroupés en îlots matérialisant les entités productives fonctionnelles ou de projet. Ils s'accompagnent d'espaces dits « de travail » permettant de minimiser les inconvénients de l'open space (possibilité de s'isoler ou de se réunir pour développer la créativité ou le travail collectif). Dans ces nouveaux espaces, de nouveaux outils sont déployés : bureaux virtuels, applications mobiles. Certaines entreprises ont développé le *flex office*, modalité particulière d'aménagement où les postes de travail ne sont pas attitrés. Le *flex office*, qui permet de gagner des mètres carrés, est souvent introduit avec une volonté de changement et de sortie du cadre.
Reconnaissance des activités et des temps non directement productifs	Des espaces dédiés à la détente, à la restauration, à la pratique du sport sont créés, permettant de gagner en qualité de vie sur le lieu de travail. Ils découlent aussi d'un mouvement où la vie au travail et la vie hors travail, traditionnellement assez séparées, voient leur frontière s'estomper.
Liberté d'utilisation des espaces	Beaucoup d'espaces sont désignés pour un usage premier, mais aussi pour permettre d'autres usages : réunion dans la cuisine, sieste dans les salles de sport, couloirs permettant de téléphoner.

Ces nouveaux espaces sont assortis d'un dispositif structuré d'accompagnement du changement : communication, recueil des besoins, changement participatif.
Une fois les espaces aménagés, de multiples activités y sont développées (conférences, apéritifs, jeux).
Une nouvelle fonction managériale émerge : l'animation d'espaces collaboratifs.

Nouveaux environnements et modes de travail : qu'en attendre en termes d'engagement ?

Si le lien avec l'engagement individuel n'est pas particulièrement marqué, les entretiens réalisés témoignent d'une réelle satisfaction collective des collaborateurs au sujet des transformations des espaces et modes de travail, et d'un sentiment de fierté d'évoluer au sein d'espaces modernes et dynamiques.
Ces projets de transformation sont l'occasion de créer un lien particulier entre l'entreprise et le collaborateur.
Par ailleurs, les démarches de transformation du fonctionnement organisationnel peuvent s'appuyer de façon positive sur des environnements de travail.

(a) Lionel Garreau, *Les nouveaux environnements de travail : vecteurs d'engagement des collaborateurs ?*, Observatoire de l'Engagement, mai 2017.

La plateforme BIM

Comme l'automobile et l'aéronautique avant lui, le secteur du bâtiment entre dans l'ère du numérique. Et cette révolution a un nom : BIM, pour *building information modeling* (en français, « modélisation des données du bâtiment »).
Plus qu'un outil ou un logiciel, le BIM désigne un processus permettant à l'ensemble des acteurs d'un projet (maîtres d'ouvrage, architectes, ingénieurs, entreprises de construction, propriétaires, exploitants...) de travailler de manière collaborative et à distance, tout au long du cycle de vie du projet. La maquette numérique en 3D décrit de façon détaillée les composants de l'ouvrage, données ensuite partagées entre les différents acteurs.

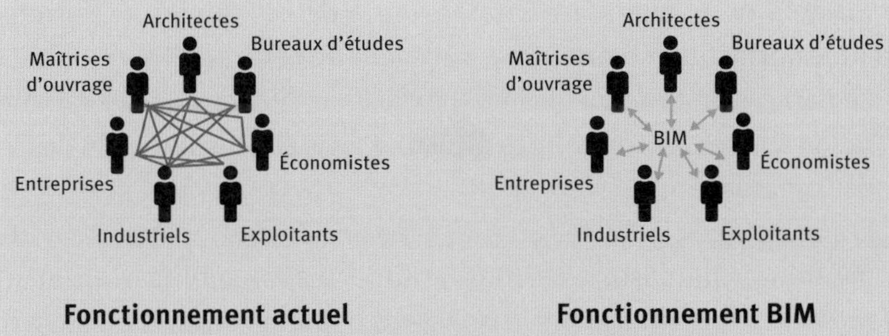

Figure 9.1 Un changement de configuration des modes de travail

Les avantages du BIM pour le projet	
Étapes de progression du projet	**Avantages**
Conception	Le processus permet de visualiser l'ouvrage futur de façon très concrète. Il aide ainsi à faire les bons choix grâce à des simulations, tests et représentations réalistes avec une cohérence de toutes les données par ailleurs garantie, puisque la maquette numérique devient le lieu unique dans lequel est enregistré l'ensemble des informations.
Pendant les travaux	L'organisation du chantier est optimisée, les difficultés techniques et interactions complexes sont anticipées. Les délais sont raccourcis à travers une meilleure coordination entre les équipes sur le chantier, alors que la sécurité est assurée grâce à une bonne identification et prévention des situations à risque.
Une fois le bâtiment livré	Le BIM optimise l'exploitation et la maintenance grâce à la centralisation des données – des informations que la maquette numérique ne se contente pas de répertorier : elle en assure aussi la traçabilité et conserve l'historique des choix.

Les avantages du BIM pour les personnes (modes de travail)

La mise à disposition d'une maquette unique pour l'ouvrage ou le bâtiment considéré permet de partager un « objet » unique en temps réel (suivant les configurations logicielles utilisées) sur lequel les différents corps de métier travaillent de concert. Coordination et collaboration sont au centre du succès d'un projet BIM : la coordination, assurée par un BIM manager, est facilitée de par la réduction des échanges bilatéraux au profit d'une vision globale du projet. L'efficacité de la collaboration réside avant tout dans la compréhension commune des différentes contraintes des uns et des autres par l'objet unique que représente la maquette.

Au-delà de la singularité de chacune de ces expérimentations, quelques principes communs se dégagent de ces initiatives :

- Le pari de l'autonomie, le choix de la compétence et de la collaboration sont posés comme des principes forts et constitutifs du design des organisations.
- Les ressources, allouées au plus près des équipes, permettent une meilleure maîtrise, une plus grande responsabilisation et un raccourcissement des processus de décision. De nouveaux lieux de travail sont conçus pour faciliter le partage, la collaboration et la mobilisation de l'intelligence collective.
- Le cadre managérial est repensé. Les modes de fonctionnement de l'organisation pyramidale, matricielle, les attributs du statut (autorité, bureau individuel) sont court-circuités afin d'ouvrir des espaces de liberté et d'inventer des formes nouvelles de coopération. Le manager voit son rôle évoluer vers l'attention portée aux personnes, la dynamisation des équipes, la circulation de l'information, la régulation des interactions et des tensions.
- L'engagement des hommes et des équipes fait la différence dans les résultats obtenus. Ces formes nouvelles d'organisation ne sont pas en elles-mêmes plus performantes. Le supplément d'efficience est porté par cette implication, ce sentiment d'appropriation des collaborateurs.

10

Le credo de la transformation managériale

Portées par ces expérimentations, ces dernières années ont vu fleurir dans la majorité des grandes entreprises une prise de conscience par leurs dirigeants de l'importance de la transformation managériale pour s'adapter à un environnement de plus en plus incertain, réussir l'évolution du modèle économique ou changer la culture de l'organisation.

Dans leur communication au personnel ou aux investisseurs, les dirigeants posent l'évolution du leadership comme une condition ou un prérequis nécessaire à la réussite de la stratégie et aux évolutions d'organisation.

Les directions des ressources humaines et les universités d'entreprise n'ont pas ménagé leurs efforts pour élaborer et déployer des programmes de développement des compétences managériales aux objectifs finalement assez semblables malgré des stratégies, des contextes, des cultures organisationnelles très différents selon les entreprises. Majoritairement, ces programmes ont en effet cherché à sensibiliser les managers aux mutations technologiques, sociales et sociétales, à développer les apprentissages de nouveaux modes de travail et surtout à faire évoluer les styles de management vers :

- plus d'autonomie, de responsabilisation pour les collaborateurs ;
- moins de contrôle, plus de confiance ;
- plus d'écoute, de partage et de vision pour engager les hommes et les équipes ;
- plus de coopération et de transversalité pour favoriser l'intelligence collective.

L'impact de ces programmes de développement managérial et l'efficacité des discours du top management pour un nouveau leadership font aujourd'hui débat au sein de nombre d'entreprises.

Tout d'abord, certains mettent en avant le peu d'impact de ces programmes de développement des compétences managériales en raison de la prégnance de modes de fonctionnement cloisonnés, politiques et peu collaboratifs. Dans un article provocateur de la *Harvard Business Review*[1], Michael Beer, professeur à Harvard, et ses coauteurs dénoncent « des tueurs silencieux » (« *silent killers* ») qui bloquent les dynamiques de changement nécessaires à une pleine efficacité des programmes de formation :

- une direction peu claire sur la stratégie et les valeurs, générant des conflits de priorités ;
- des cadres dirigeants qui ne travaillent pas en équipe, ne sont pas engagés dans la nouvelle direction ou ne reconnaissent pas les changements nécessaires à leur propre comportement ;
- un style *top down* – ou « laisser-faire » – de la part des leaders, qui empêche tout échange authentique sur les problèmes rencontrés ;
- un manque de coordination entre les lignes métiers, les fonctions, les régions, dû à un mauvais design organisationnel ;
- la peur des collaborateurs de dire à leur senior manager ce qu'ils considèrent comme des obstacles à l'efficacité organisationnelle.

Par ailleurs, d'autres voix s'élèvent pour dénoncer plus globalement la schizophrénie qui s'installe dans les entreprises entre d'un côté un discours volontariste sur la modernité, la nécessité de changer le style de management, et de l'autre une permanence de structures et de modes de management hérités du siècle dernier. Comme le soulignent Frédéric Petitbon, Marguerite Descamps et Julie Bastianutti dans leur essai *Managers : Délivrez, libérez... surveillez ?*[2], à côté de la « vision positiviste d'un manager du nouveau monde » laissant une pleine autonomie, manageant à la confiance et à la responsabilité, « la réalité est aussi celle d'un monde sous pression avec à chaque instant un manager qui doit répondre aux exigences de résultats et aux processus de travail bien éloignés d'une vision idyllique de l'entreprise libérée ».

....

1 Michael Beer, Magnus Finnström et Derek Schrader, « Why Leadership Training Fails – and What to Do About It », *Harvard Business Review*, octobre 2016, p. 50-57.

2 *Managers : Délivrez, libérez... surveillez ? : les six clés pour travailler en confiance*, Le Cherche-Midi, 2017.

François Dupuy, sociologue des organisations, abonde en ce sens lorsqu'il dénonce avec force ce décalage entre les discours sur le changement de culture de l'entreprise vers plus de confiance et de coopération d'une part, et le renforcement des modes coercitifs de l'autre, marqué par « l'explosion des process, des indicateurs de performance, des systèmes de reporting[3] ». La responsabilité de ces injonctions contradictoires serait selon lui à situer du côté des dirigeants qui ne peuvent plus se contenter du « postulat hiérarchique qui veut que "ce qui est dit est fait", mais en prenant la mesure, de façon concrète et visible par tous d'une implication forte dans la mise en œuvre du changement ».

Sans figure de dirigeant exemplaire et volontaire dans son ambition de faire changer la culture et les modes de fonctionnement, le credo managérial tourne à vide. C'est pour cette raison qu'au niveau des grands groupes, où la proximité avec les dirigeants est rendue difficile, l'incarnation de la vision, des valeurs et du style de leadership par l'ensemble des managers clés est si déterminante pour crédibiliser un changement et entraîner les collaborateurs.

De même au niveau local, ce sont la détermination, l'inspiration et le pouvoir de leadership qui contribuent au lancement des initiatives et à la mise en place avec succès des innovations organisationnelles.

Étrange situation que celle qui prévaut au sein des entreprises, et surtout des entreprises cotées : nombre de dirigeants sont convaincus que la clé de la réussite de la stratégie repose plus sur un changement des modes de management que sur des modèles organisationnels, tout en conservant les systèmes actuels de *reporting* et de gestion de la performance qui rassurent les actionnaires.

Tout se passe comme si l'organisation se limitait au final à un problème d'architecture globale où l'enjeu principal est de reformater les structures centrales au gré de la stratégie et des évolutions de l'environnement, tout en maintenant l'infrastructure qui sécurise les processus, pilote la performance et limite les risques.

....

3 François Dupuy, « Les entreprises doivent en finir avec le management par la coercition », *Le Monde*, 29 juin 2016.

Le design des organisations au niveau opérationnel ne figure pas dans les priorités stratégiques ni sur l'agenda des dirigeants. Pourtant, c'est à ce niveau que se jouent les nouvelles architectures qui combineront l'usage des technologies, les compétences de leadership et les nouveaux modèles d'engagement des collaborateurs pour faciliter l'innovation, l'agilité et une réelle centricité client.

Partie III

Quatre dynamiques organisationnelles et humaines porteuses de transformation

11

Centricité client et implication collective

La thématique récurrente de l'orientation client

Depuis plus de trente ans, l'« orientation client » est une thématique récurrente qui nourrit les discours des dirigeants et mobilise les cabinets conseil. Après la période des Trente Glorieuses, caractérisée par un marché d'offre où prédominaient des modèles tayloriens d'organisation et une structure fonctionnelle verticale, les conditions de l'univers concurrentiel connaissent un bouleversement majeur au début des années 1980. La nouvelle donne qui se dessine alors est centrée sur l'intensification des modes traditionnels de compétition par les coûts et les prix, et simultanément sur la différenciation et la qualité des produits. C'est dans ce contexte qu'émerge le thème de l'orientation client, qui constitue depuis le fil rouge des stratégies et le moteur de l'évolution des organisations.

De façon très globale, l'orientation client se distingue par quatre grandes évolutions :

- renouveler la relation client avec une offre enrichie, portée par de nouvelles approches de vente *via* notamment une démarche partenariale client/fournisseur ;
- accroître l'efficacité commerciale en spécialisant les forces de vente par grands canaux de distribution et en optimisant les activités support à la vente ;
- développer la transversalité en matière d'innovation et de développement produit/service par la mise en place d'un fonctionnement en équipe projet et d'un processus transverse « de l'idée à la mise en marché » ;
- faire entrer le client dans les ateliers et les entrepôts pour plus de qualité, de flexibilité et de coordination inter-fonctions.

S'agissant du renouvellement de la relation client, le concept de *category* management a impulsé une dynamique nouvelle de création de valeur pour le client en apportant une segmentation différente du marché, de nouveaux services et des optimisations de rentabilité produits/marques. Le concept de catégorie, en s'installant progressivement au cœur des organisations marketing et commerciales, a permis d'ouvrir la relation client aux autres fonctions de l'entreprise (l'industriel, la logistique, la comptabilité...). Sont ainsi apparus de nouveaux métiers à l'interface entre client et fournisseur (*category* managers, *credit* managers...) avec des formes nouvelles de collaboration.

Le développement des catégories et la segmentation fine des marchés ont fait évoluer l'organisation commerciale et marketing. Un mouvement de spécialisation s'est opéré avec pour conséquences la création de forces de vente dédiées par circuits de distribution et un développement des compétences associées. Le management des forces de vente et l'efficacité du commercial au point de vente sont devenus des enjeux importants au cours de cette période, tout comme les interrelations entre le marketing et le commercial pour concilier logique de marque et approche client. Des chantiers phares ont été par ailleurs déployés en lien avec l'implémentation des ERP (*enterprise ressource planning*, logiciel intégré de gestion) pour le développement de la productivité vendeur, l'efficacité des moyens promotionnels (animation des cycles de vente) et l'amélioration de certains processus de gestion commerciale (par exemple, le processus transverse de la prise de commande jusqu'au règlement du client).

Une des grandes nouveautés de cette période est la formalisation et l'animation au sein de l'entreprise d'un processus transverse majeur, communément appelé « de l'innovation au marché » (I2M). Les équipes recherche, développement produit, production, marketing, commercial, finance, se retrouvent dans une configuration en mode projet sous-tendue par une répartition des rôles et des responsabilités sur les différentes étapes du développement et du lancement de produits sur le marché.

Du côté des unités de production, la problématique centrale est de faire entrer le client dans l'ensemble des processus industriels (programmer, investir, optimiser). Les enjeux de qualité, de flexibilité et de réactivité deviennent clés, générant de multiples chantiers pour faire évoluer les régimes horaires de travail, l'organisation des lignes de production, le renforcement de la coopération entre les différentes fonctions de l'entreprise : fabrication, logistique, commercial, marketing, développement produit, qualité.

Si l'orientation client introduit une complexité nouvelle, une augmentation des interdépendances et une fragmentation de l'entreprise en périmètres d'action d'experts, globalement, la structure fonctionnelle – couplée avec l'introduction d'un mode de fonctionnement matriciel – reste le modèle dominant au sein des grandes entreprises.

Le modèle de l'orientation client est néanmoins mis au défi aujourd'hui sous la pression de nouvelles lignes de fracture qui déstabilisent les entreprises et la nature de la relation à leurs clients. La première ligne de fracture a trait aux nouveaux usages et attentes des clients connectés et informés vers plus de personnalisation, de simplicité, d'autonomie : ceux-ci changent le rapport de force et obligent l'entreprise à refondre à la fois l'expérience et le parcours client. La deuxième ligne de fracture est plus insidieuse : elle concerne le rapport des clients à la marque et à l'entreprise à l'ère des réseaux sociaux dans un contexte de montée en puissance des réseaux alternatifs de l'économie solidaire.

Après avoir décrit ces lignes de fracture, nous verrons comment les entreprises tentent de changer leur modèle d'une orientation client vers la *centricité client* par une réinvention de leur parcours client, l'enrichissement de leur offre et une connaissance client approfondie.

Les conséquences organisationnelles de l'évolution vers un modèle de centricité sont nombreuses et très diverses. Elles touchent en premier lieu aux modèles opérationnels et aux modes de coordination avec les acteurs de l'écosystème. Nous verrons que dans cette transformation organisationnelle, l'engagement, le développement des compétences d'expertise et de relation, l'implication collective sont déterminants.

Les lignes de fracture

Lorsque l'on interroge les dirigeants sur les grandes évolutions de la relation client, la première image qu'ils convoquent est celle d'un consommateur accédant librement à l'information, connecté en permanence, partageant ses expériences sur les réseaux sociaux, devenu exigeant, impatient, infidèle et imprévisible. Au-delà de cette mutation comportementale, c'est toute l'évolution des usages et attentes qui trouble les dirigeants et remet en cause le modèle existant de l'orientation client.

Des parcours d'achat devenus protéiformes

L'essor d'Internet et la généralisation des applications mobiles ont entraîné un changement radical de la relation client. De fait, le parcours d'achat n'est plus linéaire comme il l'était. D'une recherche sur Internet à travers les sites des marques, des blogs, des sites comparateurs..., la quête continue physiquement en magasin, pour se poursuivre par téléphone avec le service client afin de savoir où en est la commande (voir Figure 11.1).

Le client peut terminer tout ce parcours en postant un commentaire sur son achat et en recommandant, ou non, le produit ou le service.

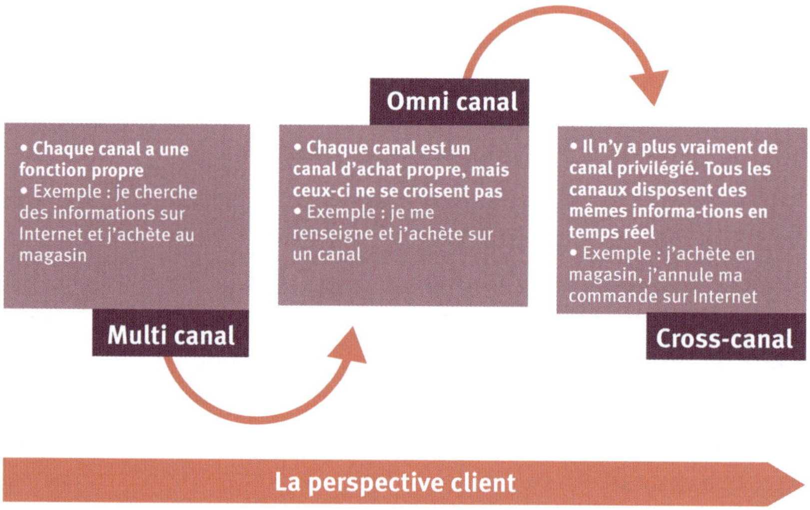

Figure 11.1 La perspective des différents canaux vue par le client

Procter & Gamble est notamment à l'origine du concept de «moments de vérité» – les moments charnières du parcours client – ainsi que de la notion de «stimulus», qui pousse le client vers le magasin pour son premier moment de vérité avec le produit ou le service et déclenchera l'achat.

Avec la montée en puissance du digital, Google a introduit le « *zero moment of truth* » (ou ZMOT, voir Figure 11.2), positionné entre le stimulus et le premier moment de vérité lors duquel le client s'informe et compare les offres pour préparer son futur achat.

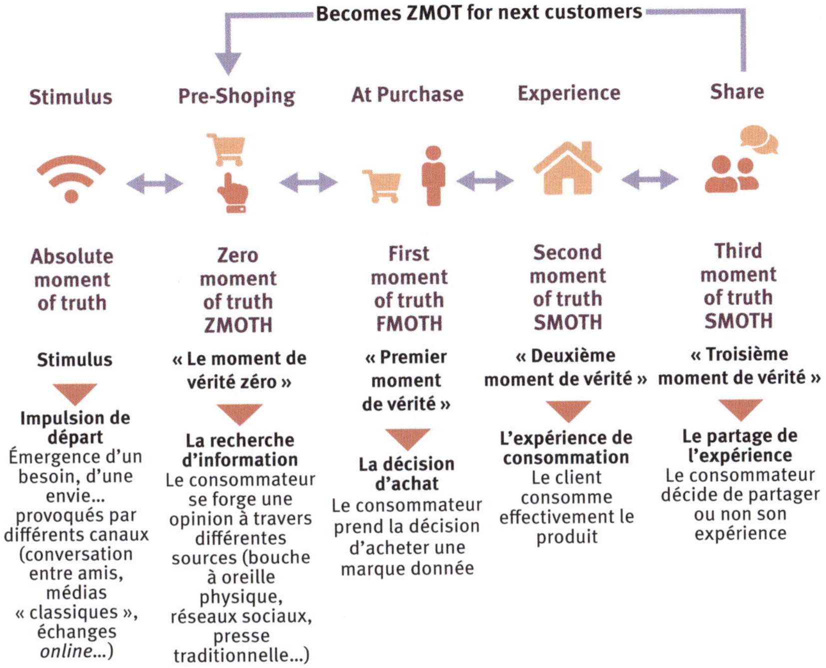

Figure 11.2 Le *Zero Moment Of Truth* (ZMOT)

Au-delà de la fluidité de son parcours d'achat, le client est sensible à la qualité du service associé. S'il dépose, par exemple, une réclamation sur Internet, il s'attend à ce que le service client qui le rappelle dispose de son dossier. De la même manière, il se verra enchanté d'apprendre que son magasin habituel est également informé de l'en-cours de sa demande, car il entend bien « dialoguer » avec l'entreprise de manière fluide et ininterrompue sans avoir à réexpliquer son cas à chacune des personnes avec lesquelles il est en contact. Un parcours « phygital » (physique et digital) et sans couture (« *seamless* », en anglais) pour fluidifier et faciliter l'accès à l'offre de service de l'entreprise devient donc un enjeu majeur dans la perception du consommateur.

Mais attention, la perception qu'un client a d'une marque ou d'une entreprise n'est pas liée uniquement au parcours dans sa globalité, et tous les points de contact n'ont pas forcément la même valeur. Certains peuvent le faire basculer dans la catégorie des clients fidèles, d'autres dans celle des clients perdus. Lors d'un achat par correspondance par exemple, si vous recevez votre commande dans un colis abîmé, vous pouvez légitimement être insatisfait. Mais si le service après-vente vous renvoie en vingt-quatre heures l'article incriminé sans rien vous demander en retour, peut-être votre expérience du service vous laissera-t-elle une trace très positive. En feront de même le conseil et l'assistance qui auront pu vous être apportés à un moment donné de votre parcours pour clarifier votre choix et faciliter votre décision.

C'est donc le souvenir d'avoir été bien traité à un moment clé qui restera le moteur principal de votre fidélité et de la réputation que vous ferez à la marque ou à l'entreprise : premier pas vers une expérience client.

L'expérience client

> « Ce qui fait la valeur d'une marque, c'est à la fois la qualité du produit et la valeur émotionnelle que le consommateur attache à ce produit et qui justifie son prix. C'est l'expérience personnelle qu'il en tire et qu'il faut entretenir[1]. »

On peut étendre cette affirmation d'Arthur Sadoun (PDG de Publicis), centrée sur la marque, aux produits et services de l'entreprise. La satisfaction client ne se réduit pas à l'excellence opérationnelle de la prestation : elle comprend aussi une dimension émotionnelle. Elle résulte en effet d'un processus d'identification à un univers propre de la marque ou de l'entreprise. Le client s'attend à retrouver l'imaginaire de marque et les valeurs véhiculées par l'entreprise sur l'ensemble de ses interactions dans son parcours d'achat, qu'il soit digital ou physique.

1 « Ian Rogers, Arthur Sadoun », entretien croisé, *Les Échos*, 21 mai 2018, https://www.lesechos.fr/21/05/2018/lesechos.fr/0301699495165_ian-rogers---arthur-sadoun.htm.

À la différence de la période précédente (1990-2000) où le consommateur attachait une importance toute particulière au bénéfice intrinsèque du produit ou du service, les mots clés de l'expérience client sont aujourd'hui la mise en scène, le mémorable, la personnalisation, le sentiment de ne plus être un client mais un invité, un associé, où l'acte d'achat procure des sensations au-delà du bénéfice rationnel.

Tableau 11.1 Les attentes du consommateur évoluent

	Produits/services		Expérience client
Offre	Délivrer un service plus qu'un produit		Vivre une expérience mise en scène
Attentes de l'offre	Être satisfait du produit/service	*VS*	Vivre quelque chose de mémorable
Attributs clés	Adaptés aux besoins		Personnalisée
Statut	Client		Invité, associé
Décision d'achat	Bénéfices		Sensations, émotion

Cette posture d'invité, d'associé, doit inciter le client à prolonger son parcours vers l'univers de la marque, voire à adhérer à une communauté emblématique de la culture portée par l'entreprise. Le partage d'une même admiration, des rites et de la symbolique qui y sont associés, constitue le ciment des communautés de marques.

Du consommateur au consom'acteur

Dans la nouvelle ère qui s'installe, la foule, par ses interactions avec les plateformes et les réseaux sociaux, devient un acteur à part entière, au cœur du business model des entreprises. Avec les consommateurs qui la composent, la foule représente tout d'abord un média à part entière : sur le site TripAdvisor, elle émet plus de 200 millions d'avis sur les hébergements proposés. Un client qui prend le temps de poster son avis est un client qui s'engage dans une démarche d'amélioration de l'offre, créant ainsi de la valeur pour la communauté. Inversement, une entreprise peut se voir attaquée par la foule sur ses actions ou ses produits avec une démultiplication exponentielle des commentaires négatifs. Les consommateurs font l'opinion et défont la réputation en agissant comme des groupes de pression sur les entreprises.

La montée en puissance des préoccupations environnementales et sociales ainsi que le contexte d'un chômage de masse ont conduit par ailleurs une part grandissante de la population à un changement de son mode de consommation : acheter moins, privilégier les circuits courts, consommer de façon responsable, recycler. De nouveaux acteurs – entrepreneurs sociaux, entreprises de l'économie sociale et solidaire – cherchent à développer une offre de produits et de services plus respectueuse de la planète et à impact social positif, venant concurrencer les entreprises du secteur marchand.

Autre tendance significative de l'émergence de la figure du comsom'acteur[2], certaines activités effectuées par les entreprises peuvent être réalisées par M. Tout-le-Monde. Il en est ainsi par exemple des activités logistiques. La foule, comme le soulignent Valentina Carbone, Aurélien Rouquet et Christine Roussat[3], détient aussi des ressources logistiques : « des bras musclés pour déplacer des meubles, des caves et des garages pour stocker des marchandises, des véhicules pour les transporter» L'ensemble de ces ressources et de ces initiatives forme ce que les trois chercheurs appellent la *crowd logistic*.

La *crowd logistic* : la foule contributrice

La *crowd logistic* est réalisée à travers des plateformes collaboratives et des applications mobiles qui connectent les individus et les entreprises à des pairs (voyageurs, chauffeurs, propriétaires de zones de stockage). Elle s'appuie sur des ressources distribuées au sein de la foule, sous-exploitées voire dormantes pour stocker et assurer le transit de marchandises (petits colis).
La *crowd logistic* constitue à la fois une menace et une opportunité pour les entreprises :

2 Consom'acteur : terme découlant du néologisme « consom'action », mouvement qui revendique une consommation citoyenne. Par extension, « consom'acteur » renvoie plus largement à l'implication du consommateur dans les écosystèmes d'entreprise.

3 « The Rise of Crowd Logistics: A New Way to Co-Create Logistics Value », *Journal of Business Logistics*, vol. 38, n° 4, décembre 2017, p. 238-252.

- menace car la foule, en réalisant des services logistiques, peut se substituer aux prestataires traditionnels ;
- opportunité pour les entreprises qui peuvent chercher à intégrer dans leur offre des services de livraison par la foule, et notamment les livraisons du dernier kilomètre.

En résumé, le comportement du consommateur se transforme, à la fois dans ses attentes, ses usages, son rapport à la marque et à l'entreprise :

- Les parcours d'achat alternent entre le digital et le physique, le marchand et l'économie solidaire, sans contrainte de temps et d'espace.
- La satisfaction ne s'apprécie plus simplement au périmètre du produit ou service, mais sur la valeur globale de l'acte d'achat : la qualité, la personnalisation, l'expérience émotionnelle.
- Le client revendique l'exercice d'un (contre-)pouvoir, prenant un rôle dans la construction de l'offre, contribuant directement à la chaîne de valeur et se posant en gardien de l'univers de marque dont il est aussi un co-créateur.

Le modèle de l'« orientation client » qui s'est imposé il y a une trentaine d'années n'est donc plus adapté pour intégrer l'implication active du consommateur, les reconfigurations de son parcours d'achat, l'importance de l'expérience dans la relation du consommateur à la marque et à l'entreprise.

Repenser la chaîne de valeur de l'entreprise autour de la centricité client

Comment les entreprises établies réagissent-elles face à ces lignes de fracture qui ébranlent leur modèle de l'orientation client ? Quelles voies empruntent-elles pour résister ? Quelles transformations doivent-elles mettre en place pour s'adapter à ces nouveaux univers de consommation ?

Pour tenter de répondre à ces questions, nous allons partir des exemples de quatre grandes entreprises de secteurs différenciés : Renault, Carrefour, BNP Paribas et Philips Healthcare.

En 2014, Renault s'est lancé dans la transformation de son service client. « Nous cherchons à revisiter le parcours client qui passe aujourd'hui à 95 % par Internet », explique Thierry Plantegenest, le directeur du service client de la marque au losange qui touche quelque 10 millions de prospects chaque année. En interrogeant 8 000 clients dans le monde, le groupe a identifié pas moins de 80 points de contact : téléphone, sites web, voiture connectée... en mettant en évidence sept moments clés à ne pas rater lors des contacts avec l'acheteur. « La première impression sur le site web ou lors de la visite du concessionnaire est primordiale, continue Thierry Plantegenest. Il faut aider au mieux le client à choisir sa voiture, à comparer les offres, à partager les informations avec ses proches. »

Renault s'est doté de trois solutions proposées par l'éditeur de logiciels Salesforce pour accompagner cette transformation : *service cloud* (gestion du service client), *marketing cloud* (marketing digital) et *community cloud* (travail collaboratif). Le déploiement s'est poursuivi jusqu'en mars 2015. Il a fallu revoir les processus et aspects humains : définition des postes, formation... Le centre d'appels au Brésil a servi de pilote. « Grâce à une connaissance à 360 degrés des clients, au partage des données accumulées sur eux et à l'historique de leurs contacts, il a multiplié par deux le taux de transformation des prospects en ventes, ce qui en fait le centre d'appels le plus performant du groupe dans le monde », précise Thierry Plantegenest.

Dans son plan stratégique *Drive the future*[4], Renault amplifie sa « mue digitale » et place l'amélioration de son parcours au cœur de sa stratégie à travers trois leviers :

- Best Level Digital : une plateforme digitale unique concentrant les interactions avec les clients ;
- Dealer Network Transformation : un réseau physique de concessionnaires remodelé dans son positionnement, en congruence avec

4 Portant sur la période 2017-2022, et annoncé le 6 octobre 2017.

le parcours client digital et engagé vers la création de nouveaux services ;
- Easy Connect : des services connectés pour capitaliser sur un écosystème partenarial dont des services de mobilité (auto-partage).

Passons au secteur de la distribution avec Carrefour qui doit transformer son modèle historique de l'hypermarché vers un modèle :
- orienté multiformat de magasins adaptés à la zone de chalandise en capitalisant sur les services et les concepts gagnants (davantage de proximité avec le client, extension de la gamme de produits bios) ;
- centré autour d'une expérience digitale homogène associée à une palette de services digitaux (drive, *click & collect*, livraison à domicile) ;
- permettant de développer le chiffre d'affaires sur le e-commerce ;
- à même d'activer les leviers de fidélisation client par la puissance de la marque et de la data (voir Figure 11.3).

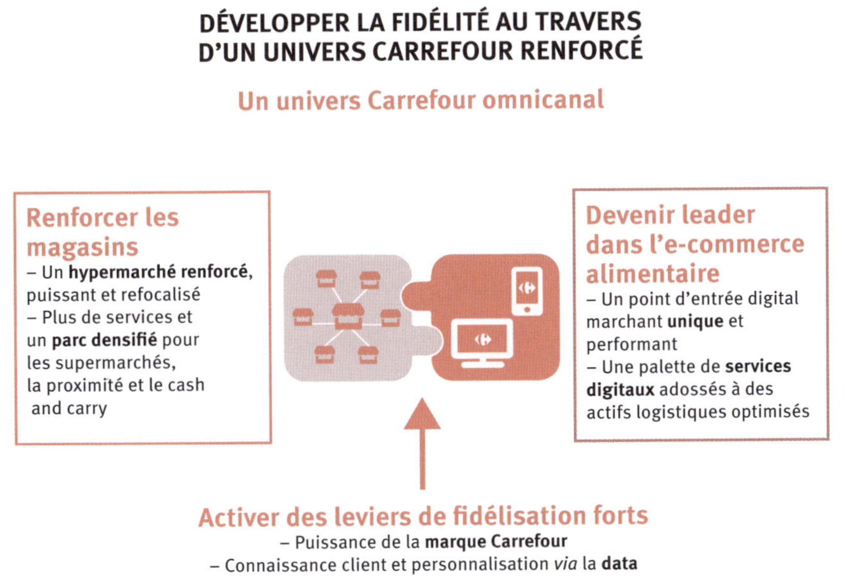

Source : Plan Carrefour 2022, janvier 2018

FIGURE 11.3 La stratégie omnicanal de fidélisation Carrefour

Un autre exemple nous vient du secteur bancaire, où l'enjeu principal de ces dernières années a été de répondre aux nouvelles attentes et aux nouveaux usages des différents segments de clientèle (particuliers, professionnels, entreprises). Ainsi, une banque comme BNP Paribas a engagé des chantiers d'importance pour digitaliser les parcours clients et développer de nouveaux services (voir Figure 11.4).

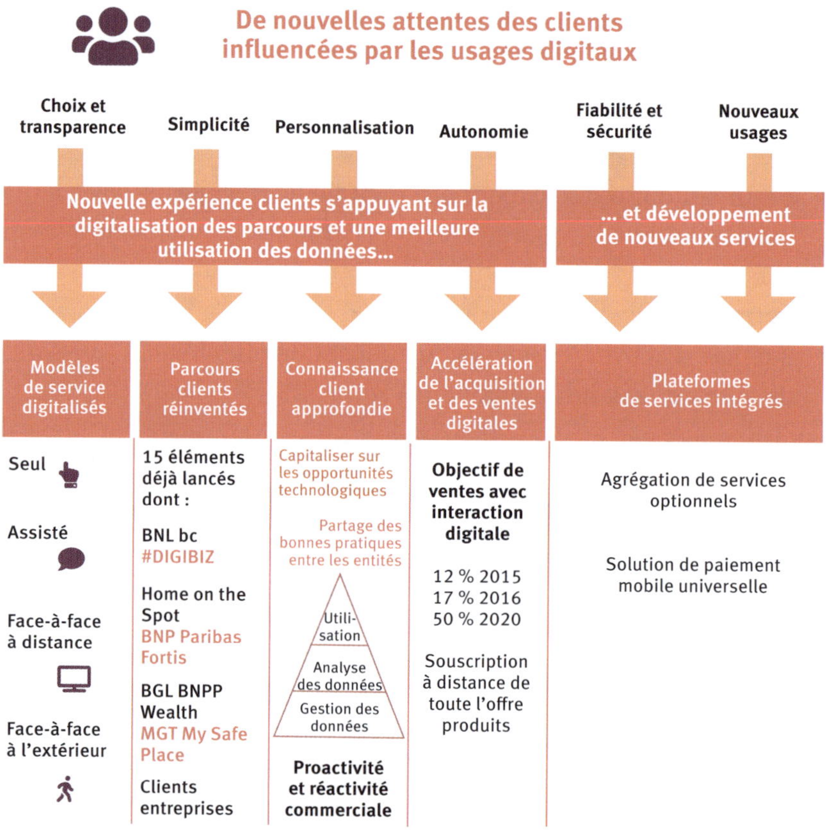

Figure 11.4 La digitalisation des parcours clients et le développement de nouveaux services chez BNP Paribas

Au-delà des différences de contexte et de modèle économique, ces trois exemples montrent clairement les stratégies mise en œuvre pour s'adapter aux nouvelles attentes et usages des consommateurs dans un univers de plus en plus concurrentiel : réinvention du parcours client, réinvention de l'offre de services et rapport renouvelé au client.

La réinvention du parcours client

La réinvention du parcours client (voir Figure 11.5) passe par un recensement exhaustif des points de contact avec le client dans sa relation avec l'entreprise, pour une analyse fine de ceux-ci sous les deux angles rationnel et émotionnel : comment peut-on mieux satisfaire le client en termes de services ? Comment peut-on améliorer son ressenti ?

Aussi le parcours doit-il être :

- omnicanal et sans couture ;
- fluide pour éliminer les points de « friction », autrement dit les irritants-clients pour faciliter la vie du client ;
- enrichi d'une offre de services pour augmenter la création de valeur pour le client et consolider l'image de marque de l'entreprise ;
- personnalisé par l'utilisation de la collecte de données, qui permet d'une part l'adaptation du parcours en fonction des « réactions » du client et d'autre part d'élaborer des modèles prédictifs pour mieux cibler et dynamiser le développement commercial ;
- augmenté « humainement » par une attention particulière accordée, quel que soit le canal, à la qualité de la relation et de l'interaction entre l'entreprise et le client.

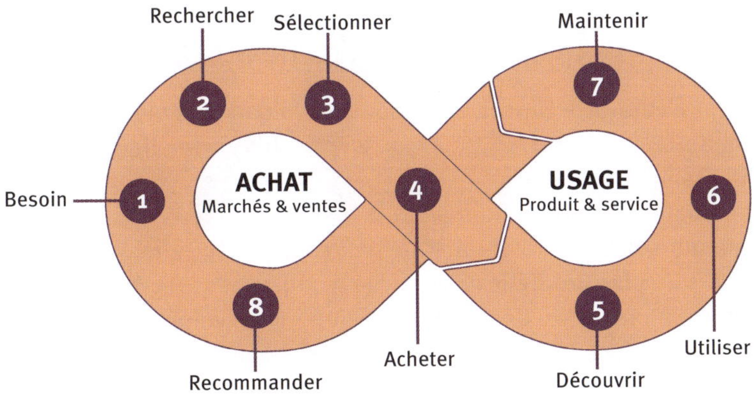

Figure 11.5 Un parcours client réinventé

On notera que les entreprises parlent bien de « réinvention » et non pas d'« amélioration », conscientes que le parcours d'achat reste, pour la plupart, largement en décalage par rapport aux attentes et habitudes des clients. Dans le cas des banques par exemple, celles-ci vivent déjà depuis plusieurs années un basculement de la relation client de leurs agences vers le web, tendance qui s'accentue année après année. Ces chantiers qui s'engagent sur le parcours client exigent un travail en profondeur afin de repenser de bout en bout (c'est-à-dire du *front* au *back office*) le modèle opérationnel de la relation client.

L'entreprise, une plateforme intégrée

Dans le chapitre 7, nous avons décrit le cas de Fnac Darty dont l'ambition est de transformer son modèle historique de distributeur de produits vers celui d'une entreprise plateforme de services. L'enjeu est d'offrir aux consommateurs, *via* cette plateforme, un parcours fluide avec une offre large, compétitive et personnalisée, et plus globalement de délivrer une expérience de services unique en investissant des territoires nouveaux avec des partenaires.

Dans la même perspective, la mutation de l'entreprise Philips Healthcare est à cet égard exemplaire.

La mutation de Philips Healthcare

Philips Healthcare conçoit et fabrique des dispositifs médicaux pour les hôpitaux (scanners...), mais aussi pour les particuliers (brosses à dents...).
Son analyse du continuum santé a fait émerger le constat que les soins ne sont plus restreints au seul cadre hospitalier, mais sont de plus en plus prodigués à domicile (voir Figure 11.6). Philips Healthcare a alors pris la décision stratégique de développer une plateforme numérique ouverte qui collecte, compile et analyse des données – notamment cliniques – en provenance de différents dispositifs et sources, que l'entreprise conçoit et commercialise. Cette plateforme numérique ouverte permet aux établissements de santé, équipes médicales, intervenants et individus d'accéder aux

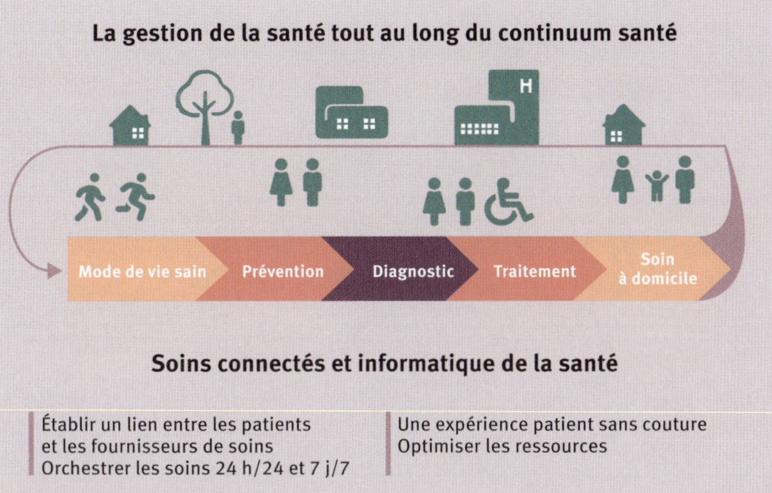

Figure 11.6 Le continuum santé

données de santé et aux informations concernant les pathologies d'un patient ou de populations entières.

- La plateforme a été développée avec l'éditeur Salesforce, logée dans le cloud de Amazon Web Services.
- Des accords sont conclus avec Samsung pour relier les appareils de santé connectés au système Android pour permettre aux développeurs d'applications de santé de proposer des solutions de santé connectées interopérables.
- Grâce à cette plateforme, Philips peut également monitorer ses appareils et faire de la maintenance prédictive.
- Les patients sont directement connectés à la plateforme, qui regroupe leurs données et en permet l'utilisation par les différentes applications pour leur fournir conseils ou services.
- Cette plateforme constitue un point d'ancrage pour toutes les parties prenantes de l'univers de la santé, du patient à l'hôpital (voir Figure 11.7).

Si Philips Healthcare continue d'être un fabricant d'appareils médicaux, l'entreprise catalyse par sa nouvelle offre de services tout un écosystème créateur de valeur, en synergie avec les parties prenantes.

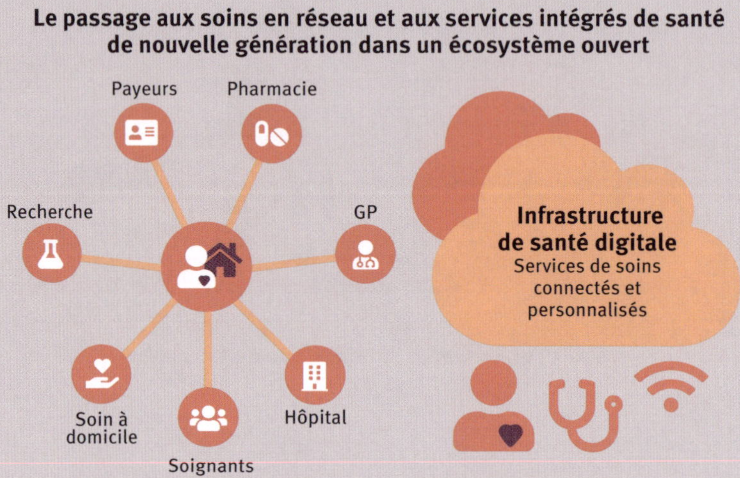

Figure 11.7 Vers des services intégrés de santé de nouvelle génération dans un écosytème ouvert

Tant pour Fnac Darty que pour Philips Healthcare, la nouvelle vision écosystémique de l'entreprise s'étend à cet ensemble partenarial où l'entreprise doit aller puiser de nouvelles compétences et de nouvelles ressources pour créer de nouveaux usages à même de capter et fidéliser les clients.

Les entreprises qui n'auront pas la capacité de structurer leur écosystème n'auront d'autre choix que de s'intégrer à un ou plusieurs autres écosystèmes, sous peine de devoir lutter isolément sur un marché, seules contre tous.

Un rapport renouvelé au client

Le client réclame sa place au sein de l'entreprise. Il n'est plus considéré comme une cible mais comme un élément de l'entreprise étendue, participant – volontairement ou non – à la définition des produits et conforté dans son rôle de prescripteur de la marque.

Examinons maintenant l'exemple de Nike.

Nike : l'expérience connectée, personnalisée et de réseau

En partenariat avec Apple, Nike a mis en place un capteur dans ses chaussures qui permet de relier les rythmes de la course et ceux de la musique, et d'enregistrer dans le même temps toutes les données des coureurs sur une plateforme communautaire. Les échanges entre coureurs *via* la plateforme Nike permettent aux 600 000 membres de la communauté de vivre une expérience forte dont la marque est le relais : partage des performances, challenges collectifs et mise en ligne d'un réseau mondial de parcours de course. Ce travail a permis à Nike de gagner des parts de marché, de renforcer sa connaissance des usages de ses chaussures et donc d'en améliorer les performances et l'adaptation aux besoins des coureurs[a].

(a) Éric Vernette, « La co-création : un nouvel eldorado pour le marketing ? », Consommateur influenceur, 8 mars 2012, http://consommateurinfluenceur.blogspot.fr.

Grâce notamment aux objets connectés, l'entreprise tisse un lien personnalisé avec le consommateur pour tenter de le fidéliser au sein de son univers. Stratégiquement parlant, il s'agit également de ne pas laisser Amazon et les autres distributeurs sur Internet prendre le contrôle unique de la relation par leur collecte phénoménale de données. Les clients font partie intégrante de l'écosystème : par le partage de leurs données, par leur feed-back sur les solutions, par les conseils et commentaires prodigués sur leurs blogs ou leurs pages personnelles, ils créent de la valeur pour son ensemble.

Vers un nouveau modèle de centricité client

La centricité client n'est pas la version actualisée de l'orientation client des années 1990-2000. Elle préfigure un vrai changement de paradigme quant au positionnement et au mode d'organisation de l'entreprise par rapport d'une part à son environnement, d'autre part à la place accordée au client. En réalité – et pour reprendre une appellation managériale en vogue[5] –, l'enjeu est de muter d'un modèle « *inside-out* (orientation client) à un modèle *outside-in* (centricité client) » (voir Figure 11.8).

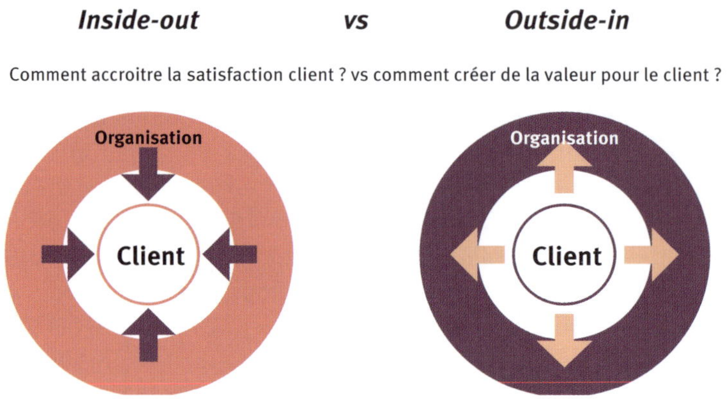

Figure 11.8 *Inside-out vs outside-in*

L'approche *inside-out* se fonde sur la croyance que les compétences, les talents ou les forces internes permettront de faire progresser les performances de l'entreprise en s'attachant à l'amélioration des processus internes (production, commercialisation, développement produit…) et en s'appuyant sur un marketing fort dans la perspective d'une satisfaction client. Cette vision héritée du Lean management vise autant à éliminer les dysfonctionnements qu'à optimiser les différents processus, sans toutefois remettre en cause fondamentalement la façon dont est créée la valeur pour le client. Le focus de l'entreprise repose sur les questions du quoi et du comment.

Des entreprises pionnières, suivies par de nombreuses autres, de toute taille et de tout secteur d'activité, prennent le contre-pied de cette approche en appréhendant le client non plus comme une cible mais comme un acteur à part entière de l'organisation. L'entreprise ne s'intéresse plus uniquement aux besoins du client pour répondre aux questions du quoi et du comment, mais elle s'attaque à la question fondamentale du *pourquoi* du besoin : par voie de conséquence, elle

5 Dans son livre *HR From the Outside In: Six Competencies for the Future of Human Resources* (MacGraw Hill Professional, 2012), Dave Ulrich, cofondateur du cabinet américain de conseil en gestion des ressources humaines et en leadership RBL, fait ainsi référence à une fonction ressources humaines *outside-in*.

s'intéresse aux usages des futurs ou potentiels clients pour produire des solutions en combinant ses capacités propres avec celles de ses fournisseurs et de ses partenaires. L'objectif est de produire de nouvelles valeurs pour les clients tout autant que pour l'entreprise elle-même (voir Tableau 11.2).

Tableau 11.2 Les approches différenciées *inside-out/outside-in*

Approche *inside-out*	Approche *outside-in*
Les ressources avant les marchés	Les marchés avant les ressources
Axée sur nos points forts (internes)	Axée sur l'écoute et les attentes des consommateurs
Adaptation *de* l'environnement	Adaptation *à* l'environnement
Construction sur les ressources disponibles	Acquisition des ressources nécessaires
Orientation sur les processus, le contrôle	Orientation expérience et parcours client

Penser *outside-in* pour une entreprise, c'est finalement penser un peu moins à elle-même pour se consacrer totalement à ses clients, les placer au cœur de toutes les décisions et de toutes les actions. La centricité client exige une approche écosystémique, c'est-à-dire l'intégration de toutes les parties prenantes afin de favoriser des interactions durables et porteuses de valeur pour tous ces acteurs.

Les stratégies d'entreprise doivent, de façon accélérée, amener les écosystèmes au cœur de la vision de l'entreprise. S'étendant bien au-delà de la notion de partenariat, notamment avec les principaux fournisseurs mais aussi avec certains clients, la création d'un écosystème est le point focal de la création de valeur qui permettra à l'entreprise :

- d'acquérir, sans investissements lourds, des ressources et des extensions de marchés auprès des partenaires et d'aller capter en temps voulu cette valeur produite par le fournisseur ;
- d'étendre rapidement son activité à des propositions de valeurs nouvelles ;
- de développer des services sur des activités connexes.

Chacun des acteurs du réseau contribuera à définir, construire et mettre en place une partie de la solution client et à y apporter sa contribution. Les frontières de l'entreprise vont alors s'étendre pour inclure l'ensemble des parties prenantes dans un système fluide.

La centricité client comme dynamique organisationnelle et humaine

Comme nous le soulignions au début de ce chapitre, l'orientation client a généré des évolutions significatives des organisations et des modes de fonctionnement tout en demeurant dans une approche interne d'amélioration des processus et des modes de coordination.

Le nouveau modèle de centricité client présage d'un bouleversement d'importance dans les manières de travailler au sein d'un contexte d'entreprise étendue incluant les partenaires de l'écosystème.

Si nous reprenons l'exemple du secteur bancaire, une entreprise comme BNP Paribas affiche cinq chantiers pour construire une banque plus digitale et plus efficace (voir Tableau 11.3).

Tableau 11.3 Les cinq chantiers de BNP Paribas

1	Mettre en œuvre de nouveaux parcours clients	• Nouveaux parcours clients digitalisés, enrichis, fluides et personnalisés (plus de services, plus d'attractivité, choix du canal...) • Modèles de services revus (meilleure segmentation des clients en fonction des usages, « le bon produit au bon moment par le bon canal »...) • Digitalisation de la distribution en développant davantage les interfaces clients digitales • Nouveaux services proposés
2	Faire évoluer le modèle opérationnel	• Optimisation et automatisation des processus «*end to end*» • Simplification des organisations • Plateformes mutualisées et « *smart sourcing* »
3	Adapter les systèmes d'information	• Évolution des systèmes d'information et intégration des nouvelles technologies pour accélérer le digital • Meilleure efficacité informatique et pratiques « agiles » • Accompagnement de l'innovation
4	Mieux utiliser les données au service des clients	• Meilleure fiabilisation et valorisation des données au service du client • Renforcement des capacités de stockage, de protection et d'analyse des données • Utilisation des technologies de pointe (intelligence artificielle, « *machine learning* »...)
5	Travailler différemment	• Modes de travail plus digitaux, collaboratifs et agiles • Environnement digital au quotidien et culture du digital et de l'innovation • Formation des équipes

Sans surprise on retrouve, parmi les priorités, l'adaptation des systèmes d'information (dans le secteur bancaire, l'informatique est le cœur du réacteur), l'évolution du modèle opérationnel et une meilleure utilisation de la donnée au service des clients.

Comme nous le verrons dans le chapitre suivant, le fonctionnement en mode agile dans le domaine des systèmes d'information constitue, pour la banque et plus globalement pour tous les secteurs d'activité, une véritable innovation dans la manière de conduire des projets. Face à des demandes client de plus en plus pressantes, le raccourcissement du cycle de mise en marché des applications devient un impératif majeur.

L'évolution du modèle opérationnel recouvre un vaste champ qui va de l'évolution des modèles de distribution à la digitalisation des processus support. Pour illustrer les enjeux des configurations organisationnelles et des dynamiques humaines associées, restons sur les deux exemples du secteur bancaire et du *retail*.

Le client au centre des modèles organisationnels de distribution

Aussi bien pour la banque que pour le *retail*, l'objectif est de remettre le client au centre du modèle de distribution et d'organiser ce parcours client sans couture en développant pour chacun des canaux des fonctionnalités nouvelles et des interfaces clients de qualité.

La figure 11.9 synthétise différentes initiatives. La transformation de l'expérience client reconfigure les activités, les modes de coordination et les compétences attendues.

Aussi bien au niveau physique (les magasins, les agences bancaires) que digital (dans les centres de relations client), on assiste tout d'abord à une montée en compétences des collaborateurs vers plus d'expertise et de conseil. Cela est vrai des conseillers clientèle en agence ou à distance dans le secteur bancaire, ou des vendeurs qui, au niveau des points de vente ou d'un centre d'expertise, doivent accompagner le client dans ses choix et sa prise de décision.

D'autre part, le développement de nouveaux services avec des partenaires change les modes de travail. Le salarié de l'enseigne peut être amené à piloter différents prestataires pour installer au domicile du

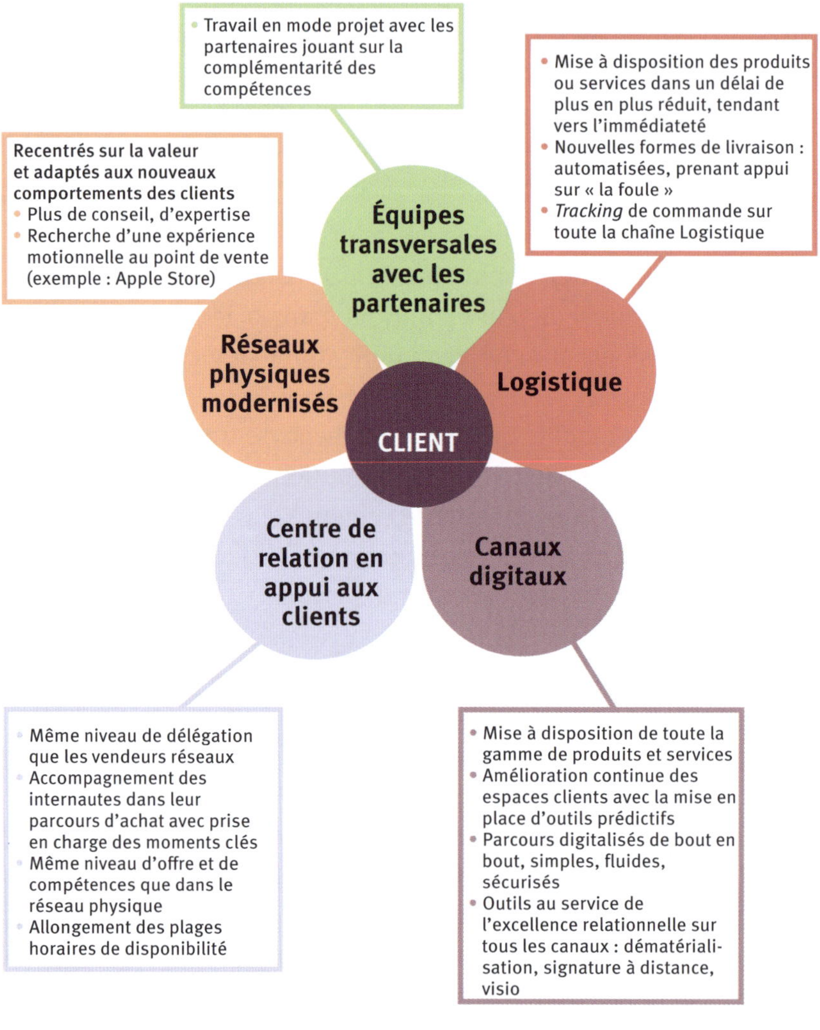

Figure 11.9 Mettre le client au centre des modèles organisationnels de distribution

client le produit ou le service prêt à l'usage (voir par exemple l'offre Fnac Darty sur les cuisines ou la maison intelligente).

Les processus support sont l'objet d'une automatisation et d'une digitalisation accélérées avec pour implication une recherche constante de productivité et d'externalisation sur des activités non-cœur de métier. Ainsi, dans le secteur bancaire, se poursuit le mouvement d'industrialisation sur les *back offices* des opérations simples et grand public. Dans le secteur du *retail* et comme l'illustre l'exemple de Best Buy (voir Figure 11.10), on assiste parallèlement à la robotisation des entrepôts et au recours à des prestataires spécialisés pour optimiser la prestation et la qualité des services dans les points de vente.

Notre réseau *supply chain* doit évoluer pour offrir le choix et la rapidité

Étendre l'automatisation	• Automatisation des entrants dans nos centres de distribution • Emballage et expédition des commandes robotisées, pour le réapprovisionnement des magasins et les commandes en ligne
Ajouter les centres de commerce électronique du métro	• Réalisation de centres petits formats dans les marchés denses
Évolution continue de nos stratégies partenariales et densification de nos magasins	• Effet de levier sur les partenariats existants et à venir avec les magasins en place pour améliorer le niveau de service en utilisant la modélisation issue des datas

Figure 11.10 Best Buy 2020 : *Building the new Blue*, septembre 2017[6]

Les évolutions organisationnelles cherchant à replacer le client au centre rencontrent toutefois des limites en raison de la permanence des structures et des résistances des acteurs :

- Le fonctionnement en silos ne disparaît pas en raison souvent de lignes différentes de commandement sur les divers canaux.
- La recherche de productivité et de réduction des coûts est en général incompatible avec un service de qualité à court terme.
- La formalisation des processus pour clarifier les rôles et responsabilités dans le parcours client bute sur la complexité et la lourdeur des prescriptions.

....

6 Best Buy est un distributeur spécialisé dans la vente de produits et services technologiques implanté au Canada, États-Unis et Mexique. Par analogie, Best Buy est comparé à un Darty américain.

- Les différentes entités n'ont habituellement pas la même maturité sur les différentes thématiques que sont, par exemple, la culture client, le digital, la coopération avec des parties prenantes externes...

La réinvention d'un parcours client fluide, omnicanal, automatisé, enrichi et personnalisé exige un mouvement d'ensemble de tous les acteurs de la chaîne de valeur. Nous portons dans ce livre la conviction que beaucoup d'entreprises n'ont pas pris la pleine mesure de la transformation organisationnelle que devrait engendrer une telle réinvention. De fait, la structure organisationnelle reste souvent dans une vision dichotomique et fonctionnelle entre le *front* et le *back office*, entre le canal digital et le canal physique, entre la direction centrale digitale ou l'expérience client et les unités opérationnelles... alors que l'expérience client exige un « sans-couture », à savoir l'incarnation d'une même vision client traduite par des niveaux de services homogènes sur tout le parcours d'achat structuré autour d'un même flux digital.

Travailler différemment pour une centricité client durable

Quels que soient le contexte et les modèles organisationnels déployés, si la vision portée par les dirigeants et les modes de fonctionnement ne convergent pas pour faciliter la vie et les relations de ceux qui sont en contact direct avec le client, alors les efforts sont vains et la centricité client ne restera qu'un discours.

Hubert Joly, dirigeant de Best Buy, a réussi à redresser l'entreprise de façon spectaculaire, dans un contexte de forte concurrence par Amazon. Et il a la conviction profonde qu'il faut construire un lien fort entre la recherche de sens d'une équipe et l'objet même de l'entreprise, car c'est la solidité de ce lien qui peut générer une performance durable :

> *« Notre objet est d'enrichir la vie de nos clients avec l'aide de la technologie. Il s'agit pour nous de répondre à leurs besoins en matière de divertissement, de communication, de sécurité ou de santé. Notre*

rôle est d'être pour eux des "inspiring friends", *de comprendre leurs besoins, et de leur fournir la bonne solution*[7]*.* »

La posture et les actes des managers au quotidien doivent être au service de cette ambition pour susciter chez leurs collaborateurs la prise d'initiative et le désir de s'engager dans l'écoute, l'assistance et la satisfaction des clients.

Richard Branson ne déclarait-il pas : « Si vous prenez soin de vos employés, ils prendront soin de votre entreprise » ? L'expérience client est basée à 70 % sur le sentiment d'être considéré à chaque point de contact de son parcours. Comment un collaborateur pourrait-il accueillir un client comme un « invité » s'il ne se sent pas satisfait, motivé, impliqué ou investi dans son travail, en un mot engagé ?

De nombreux facteurs interviennent dans cette notion d'engagement des collaborateurs : l'environnement de travail (ambiance, lieux, qualité des relations avec les collègues…), les perspectives de développement des compétences et des parcours, l'accès à la formation, les signes de reconnaissance (rémunération, sentiment de valorisation) sont autant de leviers qui renforcent le sentiment d'appartenance et l'implication individuelle et collective.

Pour que les collaborateurs s'approprient pleinement le projet de l'entreprise et s'en sentent les acteurs, il est nécessaire de faire descendre le centre de gravité de l'organisation à leur niveau afin qu'ils disposent des outils et de l'attention nécessaires pour « libérer leur enthousiasme » vis-à-vis des besoins des clients. Il s'agit là du principe même de subsidiarité, selon lequel la responsabilité d'une action, lorsqu'elle est nécessaire, revient à l'entité compétente la plus proche de ceux qui sont directement concernés par cette action.

Si, à chaque demande client, il faut déplacer des montagnes et être confronté à l'incapacité de prendre une décision, la crédibilité d'une centricité client s'émousse aux yeux des managers et des collaborateurs et la confiance se perd. Autrement dit, l'autonomie laissée au collaborateur, le niveau de délégation du manager, la coopération transversale

7 Philippe Bertrand, Nicolas Barré, « Hubert Joly : Pour le patron de Best Buy, "il est possible de survivre à l'ogre Amazon" », *Les Échos*, 6 juillet 2018, https://www.lesechos.fr.

entre les différents canaux et services sont des paramètres clés pour apporter au client la proposition de valeur qu'il attend ou la solution qui pourra le satisfaire.

Plus globalement, ce sont les voix du conseiller et du vendeur, du collaborateur au contact du client qui doivent être portées au plus haut niveau de l'entreprise, et ce de façon permanente.

S'ils sont nécessaires, les nouveaux modèles organisationnels qui mettent le client au centre sont néanmoins insuffisants pour ancrer, au sein de l'entreprise et dans les comportements, le modèle de la centricité client. L'implication collective autour de la satisfaction client, l'engagement de tous dans des collaborations transverses, un management plus responsabilisé, des équipes fonctionnant en mode agile demeurent des facteurs clés de succès pour obtenir des résultats durables.

12

Vers une coordination fluide : transversalité et réseaux d'équipes

> « Il disait – et en un sens il le croyait vraiment – que l'augmentation du flux d'informations à l'intérieur de la société était en soi une bonne chose. Que la liberté n'était rien d'autre que la possibilité d'établir des interconnexions variées entre individus, projets, organismes, services. Le maximum de liberté coïncidait selon lui avec le maximum de choix possibles. En une métaphore empruntée à la mécanique des solides, il appelait ces choix des degrés de liberté. »
>
> Michel Houellebecq,
> *Extension du domaine de la lutte*, 1994

Henry Mintzberg, professeur à l'université McGill de Montréal qui a marqué des générations d'étudiants, de managers et de dirigeants, se plaisait à rappeler que toute structure organisationnelle se caractérise au final par deux attributs fondamentaux :

- la division du travail entre des blocs d'activité aussi divers que les *business units*, les départements, les équipes, les individus et les diverses tâches à accomplir ;
- le mode de coordination pour réaliser les activités et accomplir les tâches.

S'agissant de la division du travail, l'approche de Mintzberg s'est singularisée par une vision de l'architecture de l'entreprise moins centrée sur la structuration par fonctions, géographie, métiers, clients, mais plutôt orientée sur les blocs d'activités et les chaînes de commandement. Ainsi, dans son célèbre modèle (voir Figure 12.1), Mintzberg distingue cinq grands blocs et un ciment commun à toute organisation, qu'elle appartienne au secteur privé concurrentiel, au secteur public, ou soit à but non lucratif :

1. le centre opérationnel, composé des opérateurs qui effectuent le travail de base de produire des biens ou de délivrer des services ;
2. le sommet stratégique, rassemblant le ou les dirigeants qui ont une vue d'ensemble de l'activité ;
3. la ligne hiérarchique, composée des managers supervisant les opérateurs et d'autres managers, qui est une hiérarchie d'autorité entre le centre opérationnel et le sommet stratégique ;
4. la technostructure, groupe composé de spécialistes – dénommés analystes – remplissant les tâches de planification, de contrôle, et se positionnant en dehors de la ligne hiérarchique d'autorité ;
5. les unités de support logistique fournissant différents services internes (conseil juridique, services de restauration, relations publiques) ;
6. s'y ajoute l'idéologie ou la culture, nourrie des traditions et des croyances, qui confère à l'organisation sa spécificité.

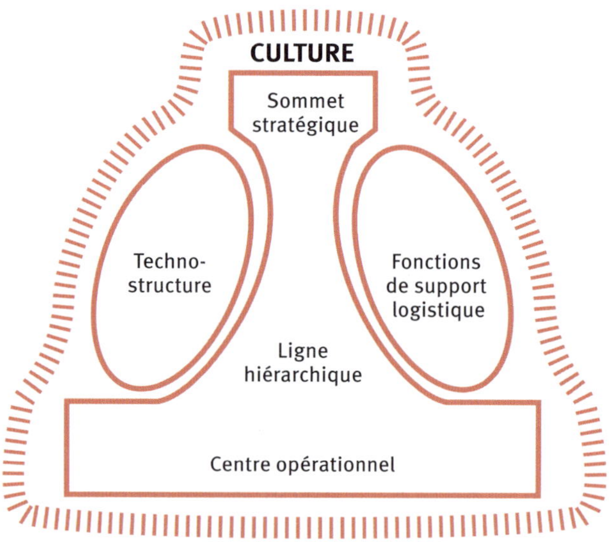

Figure 12.1 Le modèle de Mintzberg

Au-delà de cette structuration en six grandes composantes, l'étude des mécanismes de coordination constitue également un des grands apports de Mintzberg. Dans ses deux ouvrages fondateurs[1], il distingue différents mécanismes de coordination au sein des organisations :

- l'ajustement mutuel : coordination par le simple processus de communication informelle ;
- la supervision directe : coordination du travail par le biais d'une seule personne donnant des instructions et des ordres à plusieurs autres qui travaillent en interrelations ;
- la standardisation des procédés de travail : coordination par les procédés habituellement établis par la technostructure ;
- la standardisation des résultats : coordination par la spécification des résultats à partir de standards établis par la technostructure ;
- la standardisation des qualifications (et du savoir) : coordination des différents types de travail par le biais de la formation requise ;
- la standardisation des normes : coordination par des normes qui dictent le travail, qui sont contrôlées et établies pour l'organisation dans sa globalité.

À partir de ces deux attributs – division du travail et mécanismes de coordination – ainsi que d'autres paramètres de configuration (taille…), Mintzberg élabore une typologie des organisations considérées comme autant de configurations types aux traits marqués. Le tableau 12.1 reprend cette typologie avec les représentations et les logos originels de Mintzberg.

Ce qui est remarquable dans cette typologie, c'est l'actualité et la pertinence de ces modèles types pour comprendre les dysfonctionnements et les lignes de force au sein des entreprises. De façon schématique et un peu provocatrice, nous dirons que :

- l'organisation mécaniste, l'organisation divisionnalisée et, dans une certaine mesure, l'organisation professionnelle sont « entrées en crise » ;

……………

1 *Structure et dynamique des organisations*, traduit de l'américain par Pierre Romelaer, Éditions d'Organisation, 1982, et *Le Management : voyage au centre des organisations*, traduit de l'américain par Jean-Michel Behar et révisé par Nathalie Tremblay, Eyrolles, 2004 (2e éd. revue et corrigée).

Tableau 12.1 Les sept modèles d'organisation de Minztberg

Type d'organisation	Description	Exemples
 1	L'organisation entrepreneuriale	PME-PMI
 2	L'organisation mécaniste	Entreprise de production de masse, administration publique
 3	L'organisation divisionnalisée	Grande entreprise multinationale
 4	L'organisation professionnelle	Entreprise de services, grand cabinet de conseil ou d'avocats
 5	L'organisation innovatrice	Université et laboratoire de recherche
 6	L'organisation missionnaire	Monastère, écosystème *open source*
 7	L'organisation politisée	Assemblée nationale, un parlement

- l'organisation innovatrice fascine les grandes entreprises qui tentent d'instiller, en expérimentant ces modèles, des ferments de transformation pour faire évoluer leurs structures ;
- l'organisation politique ordonnée par les jeux de pouvoir n'a pas disparu et ne se limite pas aux partis, aux syndicats, aux administrations et autres collectivités ;
- à l'heure de la responsabilité sociétale et de la recherche de sens, les organisations missionnaires n'ont-elles pas un avenir prometteur qui s'étend au-delà des organisations du secteur solidaire et social ?

Arrêtons-nous un instant sur le premier point d'une « entrée en crise » des organisations mécanistes et divisionnalisées. Comme nous l'avons évoqué dans le chapitre 6, les priorités pour les grandes entreprises de ce type sont la décentralisation et la simplification pour se rapprocher des clients et optimiser les coûts. Cette volonté de promouvoir plus de responsabilité, de coopération et de transversalité, reprise en boucle par les dirigeants, se heurte dans la réalité à la pesanteur des systèmes de gestion et à l'inadéquation des modes de coordination. La coordination par les processus normatifs impose un cadre formel, ce qui ne favorise pas naturellement la coopération et la transversalité. Quant au mode de fonctionnement matriciel considéré dans les années 1990 et 2000 comme la configuration la plus élaborée pour concilier au sein des grandes entreprises des priorités multiples (local et global, marché et technologie, expertise et opérationnalité), de nombreuses voix s'élèvent aujourd'hui pour dénoncer la complexité et la déresponsabilisation qu'il génère. Officiellement, peu de grandes entreprises ont pourtant décidé d'abandonner leur structure matricielle et tentent, pour développer la coopération et la transversalité, de mettre en place d'autres modèles en parallèle.

C'est dans ce contexte qu'il faut resituer l'attrait de ces grandes entreprises bureaucratiques pour les modèles d'organisation adhocratiques et le modèle d'organisation entrepreneuriale. En 1998, Henry Mintzberg soulignait déjà que le modèle de l'adhocratie inspirait nombre de dirigeants des grandes entreprises à la recherche de nouveaux modes de fonctionnement et que l'intérêt pour l'organisation en mode projet ou en réseau s'inscrivait dans cette tendance[2].

Le grand mérite de Mintzberg est d'avoir montré que les configurations organisationnelles ne sont pas figées et que la recherche de structures fluides fondées sur la transversalité et l'organisation en équipes (soit le modèle d'organisation entrepreneuriale) a toujours fasciné les entreprises qui privilégiaient pourtant la coordination par les normes et les standards. C'est dans cette perspective qu'il convient de resituer le succès du mode projet et plus récemment l'aura du mode de fonctionnement agile que nous allons décrire à présent.

....

2 « Trop de changement, c'est l'anarchie », entretien avec Henry Mintzberg, *in* Jean-Michel Saussois (dir.), *Les Organisations : état des savoirs*, Sciences humaines éditions, coll. « Ouvrages de synthèse », 2016, p. 297.

Promesses et limites du travail en mode projet

Le développement du management de projet a effectivement connu un essor majeur durant ces deux dernières décennies. Très implanté notamment dans les entreprises du secteur aéronautique, de l'automobile, de l'ingénierie et des travaux publics, il s'est diffusé dans les autres secteurs d'activité du secteur industriel et des services à la fois pour conduire des projets d'innovation, de développement produit, de refonte de systèmes d'information ou, plus globalement, pour se mettre au service de la gestion des grands projets de transformation.

Le pilotage de portefeuilles de projets est même devenu une composante clé de l'organisation de certaines entreprises, qui ont érigé ce mode de fonctionnement comme un principe fort au prix d'une complexité supplémentaire pour prioriser les projets et allouer les ressources. Dans cette organisation par mode projets, ce ne sont plus, comme le note Philippe Zarifian, « les fonctions qui sont premières et qui ont un effet structurant prioritaire, mais bel et bien les projets. Concrètement : les directeurs de projet prennent le pas sur les directeurs de fonction [...]. Un équilibre délicat peut, pendant une durée assez longue, être trouvé entre directeurs de projet et directeurs de fonction. Mais, en tendance, ce sont les directeurs de projets qui deviennent les acteurs principaux[3] ».

Globalement, le mode projet a permis des avancées substantielles vers l'autonomie des personnes, la responsabilisation des équipes et la maîtrise des interrelations souvent complexes entre les métiers et les fonctions, qui plus est dans un mode de fonctionnement matriciel. Il a favorisé l'expérimentation de modes de travail coopératif et une montée en compétences de l'ensemble des personnes mobilisées sur le projet.

À côté de cette vision optimiste et éclairée du management de projets, d'autres voix s'élèvent pour en pointer les limites et le « côté sombre ». Ainsi Gilles Garel, enseignant chercheur reconnu en management de projet, exprime avec force ce que vivent nombre de respon-

3 Philippe Zarifian, « Un projet n'est pas un programme », 14 novembre 2007, http://philippe.zarifian.pagesperso-orange.fr.

sables et équipiers projet dans les entreprises de toute taille et de tout secteur d'activité. Il souligne d'abord que les projets exacerbent souvent les pressions et sont « de formidables machines à exiger et à juger[4] ». L'excès d'implication et d'engagement des équipes projet fait courir aux personnes des risques de souffrance au travail, sans compter les risques de déstabilisation des identités professionnelles et de précarisation des parcours professionnels.

L'efficacité même du management de projet est questionnée au regard de ses objectifs premiers qui sont l'optimisation du triptyque coûts, délais, qualité. Sur la base des études qui ont collecté un nombre important de résultats des projets, Gilles Garel rappelle que 85 % des projets n'atteignent pas leurs objectifs de coût et de délai et que « trois causes d'échec sont généralement avancées[5] :

- les défaillances du management (manque de coordination, choix techniques inadaptés) ;
- les facteurs d'environnement (réduction de l'allocation des ressources) ;
- des spécifications confuses ou contradictoires, des variations d'objectifs ».

Par ailleurs, si le management de projet semble adapté pour le développement produit, il paraît moins pertinent pour la génération d'idées et l'innovation (en amont) qui supposent d'explorer à la fois de nouveaux concepts et de nouveaux champs de connaissances sans être encadré, voire limité, par une méthodologie séquentielle et un budget contraint.

On pourrait ajouter, dans ce « côté sombre », la bureaucratisation rampante qui guette le management de projet, et qui s'exprime principalement de trois manières :

- les procédures de certification qui cherchent à encadrer et à normer les relations et les résultats ;

....

4 Alain Arquin, Gilles Garel et Thierry Picq, « Quand les individus et les collectifs sociaux sont mis en danger par le travail en projet », 17e Congrès de l'Association francophone de gestion des ressources humaines, 16-17 novembre 2006, Reims.

5 Gilles Garel, *Le Management de projet*, Chapitre VI « Limites et renouvellement du management de projet », La Découverte, 2011.

- la complexité croissante des outils et méthodes pour piloter des portefeuilles de projets qui épuise les équipes et décourage les décideurs ;
- une approche trop mécaniste et trop rationnelle dans la conduite des projets n'intégrant pas suffisamment les dimensions de changement et de résistance des acteurs.

Au final, le management de projet s'est installé durablement au sein des entreprises et des administrations. Malgré les dérives, il a conservé sa force de mode de gestion transversale et d'expérience collective incomparable, mais en se généralisant, en s'inscrivant dans des structures matricielles de plus en plus complexes, il a perdu son caractère innovant hors des systèmes de pouvoir et de contrôle.

L'onde de choc du mode de travail agile

En 2001, 17 experts indépendants en systèmes d'information et développement de logiciels se réunissent deux jours durant dans une résidence à la montagne en Utah, aux États-Unis. À l'issue de ce séminaire, ils s'accordent à l'unanimité sur un texte, le *Manifeste pour le développement agile de logiciels*, qui fera date par la nouveauté et la radicalité de son contenu en rupture avec les modèles dominants de l'époque.

À la lecture de ce manifeste, on ne peut effectivement qu'être frappé de la place accordée au client et de l'importance de la dimension humaine pour la conduite des projets de développement informatique par une communauté d'ingénieurs et d'experts en systèmes d'information orientés méthodes, normes et rationalité (voir Figures 12.2 et 12.3).

Les individus et leurs interactions	plus	que les processus et les outils
Des logiciels opérationnels	plus	qu'une documentation exhaustive
La collaboration avec les clients	plus	que la négociation contractuelle
L'adaptation au changement	plus	que le suivi d'un plan

Figure 12.2 Le Manifeste agile

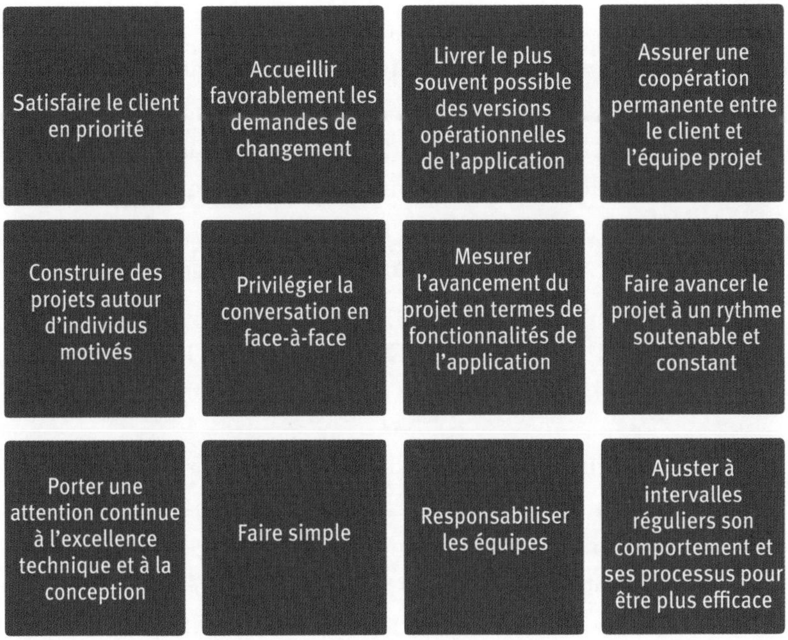

Figure 12.3 Les principes du Manifeste agile

Ce manifeste porte la quintessence d'une réelle approche sociotechnique, à savoir que la réussite des projets informatiques passe par la prise en compte de la création de valeur pour le client et par une attention toute particulière à la communication, la collaboration, l'auto-organisation et l'accompagnement du changement.

L'influence de ce manifeste a été considérable. L'approche agile, les outils et méthodes associés se sont largement diffusés dans le monde des start-up et les sociétés de la Tech, mais aussi au sein des équipes systèmes d'information des entreprises pour les projets de toute taille.

Comment expliquer un tel succès du mode agile, qui s'est imposé non seulement comme une approche efficiente pour conduire les projets informatiques mais aussi comme une référence de modèle organisationnel pour les directions systèmes d'information et développement ?

La première raison est que la méthode agile a structuré un corpus de méthodes et d'outils de référence qui, de façon très pratique, a permis de renouveler les approches séquentielles et rigides préexistantes qui séparaient les phases de conception et la réalisation. Si l'on prend l'exemple de la méthode Scrum qui fait désormais référence, sa force et son aura (voir *infra* et Figure 12.4) tiennent de façon très concrète :

- aux principes structurants qui définissent la méthode (la création de valeur pour le client, le raccourcissement du cycle de réalisation, etc.) ;
- aux rôles et responsabilités clairs, non hiérarchisés, non contrôlants, inhérents à la méthode ;
- aux modes opératoires qui rythment le projet, engagent les personnes, évitent les effets silo et tunnel.

Il est intéressant de noter qu'au-delà de la méthode Scrum, le mode agile emprunte également beaucoup aux méthodes japonaises du Lean et du Kanban. Clin d'œil de l'histoire : ces méthodes qui ont inspiré l'industrie automobile dès la fin du siècle dernier pour sortir de la crise du fordisme se retrouvent aujourd'hui avec force dans le monde du logiciel et du développement informatique. Bien plus que des outils, ces méthodes sont de véritables philosophies de gestion qui mettent au centre la satisfaction client, la qualité, la réduction des coûts et des délais, le développement des compétences individuelles et collectives.

La méthode agile Scrum

Finalité : produire le plus tôt possible la plus grande valeur possible, afin de créer des opportunités d'accélération du « *time to market* ».

À partir d'une liste des attentes et demandes client formalisées en fonctionnalités livrables (*product backlog*), le *product owner* confie à l'équipe la réalisation des développements et applications avec pour chaque item de la liste une estimation de la complexité.

Une équipe multidisciplinaire traduit le carnet de commandes en livrables à chaque sprint avec des rôles bien identifiés :

- le *product owner* : responsable du produit. En lien avec le client ; présente le client ;
- le *Scrum master* : animateur de l'équipe de développement, garant de l'adhésion de l'équipe aux valeurs et règles agiles ;

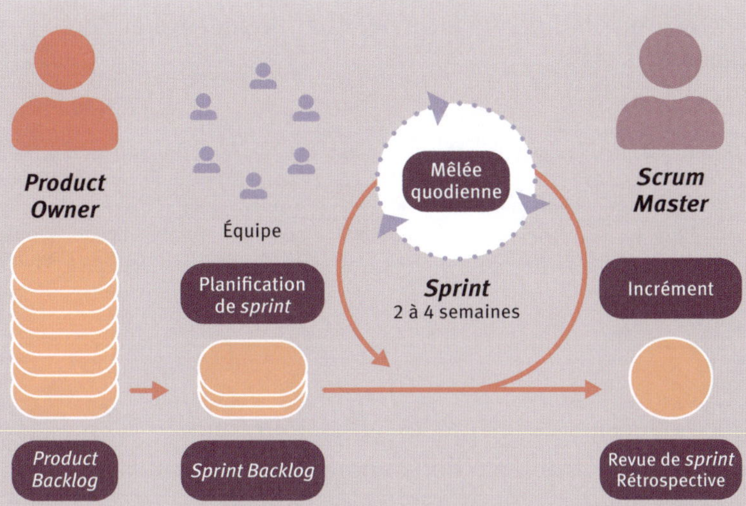

Figure 12.4 La méthode Scrum

- l'équipe de développement : auto-organisée, dépourvue de hiérarchie, sans spécialisation des rôles et chargée de transformer les besoins exprimés par le *product owner* en fonctionnalités utilisables.

La vie d'un projet Scrum est rythmée par un ensemble de réunions qui renforcent les interrelations, la collaboration, les rétroactions fréquentes contribuant à augmenter l'engagement des personnes :
- planification du *sprint* (« *sprint* » = itération) : au cours de cette réunion, l'équipe de développement sélectionne les éléments prioritaires du *product backlog* qu'elle pense pouvoir réaliser au cours du *sprint* (en accord avec le *product owner*) ;
- mêlée quotidienne : réunion de synchronisation de l'équipe de développement ;
- revue de *sprint*/rétrospective : au cours de cette réunion qui a lieu à la fin du *sprint*, l'équipe de développement présente les fonctionnalités terminées au cours du *sprint* et recueille les feedback du *product owner* et des utilisateurs finaux, chacun exprime son ressenti et ses idées d'amélioration.

Des outils simples et peu nombreux[(a)] :
- structuration de l'espace : open space et présence d'objets ludiques ;

- structuration du rythme : *timeboxing*, fréquence et durée des moments clés ;
- outils collaboratifs.

(a) Voir Pascale Gentil et Frédérique Chédotel, « Outils et pratiques pour une compétence collective en situation : le cas de la méthode agile Scrum », *Revue française de gestion*, n° 270, janvier 2018, p. 101-114 ; Alain Collignon, Joachim Schöpfel, « Méthodologie de gestion agile d'un projet : Scrum – les principes de base », *I2D*, n° 53, février 2016, p. 12-15 ; *Guide de démarrage Scrum*, L'Agiliste, https://agiliste.fr.

Avec l'extension des méthodes agiles pour conduire les projets s'est très vite posé le problème de la coordination de plusieurs équipes devant travailler à un projet de grande ampleur.

Sur cette question particulièrement complexe dans le domaine des systèmes d'information et de développement logiciel est apparu un modèle emblématique qui est devenu progressivement une référence, en l'occurrence le modèle d'organisation Spotify.

Spotify, entreprise suédoise de musique en ligne fondée en 2006 par Daniel Ek, et introduite à la Bourse de New York en 2018, relève typiquement d'une plateforme bi-face sur un marché nouveau et à forte croissance. La notice d'introduction en Bourse décrit ainsi la finalité de l'entreprise :

> *« Nous construisons un marché de la musique biface pour les utilisateurs et les artistes, qui est mû par les données, l'analyse et les logiciels. Spotify offre aux fans une manière de découvrir et d'apprécier la musique, et aux artistes un moyen supplémentaire de présenter et d'être rémunérés pour leurs œuvres créatives. Pour les artistes, Spotify fournit une plateforme à partir de laquelle ils peuvent accéder et interagir avec leurs fans, ainsi que des analyses qui leur permettent de mieux comprendre leur public, et ce de façon plus approfondie. »*

Pour élaborer cette plateforme, le département recherche et design de Spotify a joué un rôle clé avec la particularité d'avoir posé une organisation considérée comme originale. Henrik Kniberg et Andreas Ivarsson, impliqués au cœur du projet de Spotify, ont particulièrement bien décrit cette structure organisationnelle (voir Figure 12.5), composée de « *squads* », « *tribes* », « *chapters* », « *guilds* »[6] ...

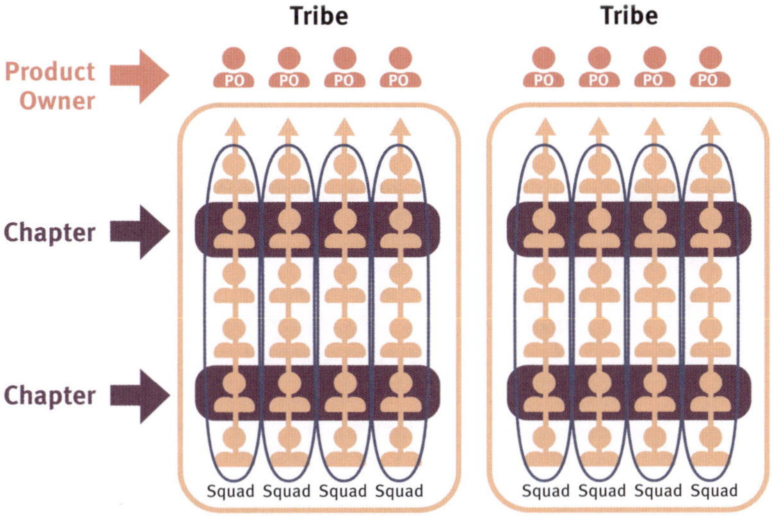

Figure 12.5 La structure organisationnelle chez Spotify

À la base de l'architecture organisationnelle, la cellule *squad* composée de six personnes, l'équivalent de l'équipe Scrum décrite précédemment avec les mêmes principes organisationnels et de fonctionnement : une équipe auto-organisée comme une start-up disposant de toutes les compétences et outils pour élaborer, délivrer et tester les productions attendues. Au sein de chaque *squad*, le *product owner* (PO) a un rôle de priorisation du travail sans être impliqué dans la façon dont ce travail est réalisé. Il joue un rôle d'interface avec les parties prenantes. À chaque *squad* est dévolue une mission commune transversale de plus long terme, par exemple créer l'expérience radio Spotify ou élaborer les moyens de paiement.

Une *tribe* est un regroupement de *squads* de domaines proches (par exemple, application mobile ou infrastructure) et regroupe environ une centaine de personnes présentes physiquement au même endroit. Elle est associée à l'image d'un incubateur qui rassemblerait les start-up miniatures que sont les *squads*. Chaque *tribe* a un leader dont la

6 « Spotify Engineering Culture (part 1) », 27 mars 2014, https://labs.spotify.com.

responsabilité principale est de fournir le meilleur environnement et de faciliter les échanges et les contacts entre *squads*.

Un *chapter* est une communauté de personnes au sein d'une même *tribe* avec des compétences proches travaillant sur des domaines d'expertises voisins.

Une *guild*, enfin, est une communauté d'intérêt regroupant des personnes qui souhaitent partager leurs connaissances autour d'outils et de pratiques, et animée par un coordinateur (voir Figure 12.6).

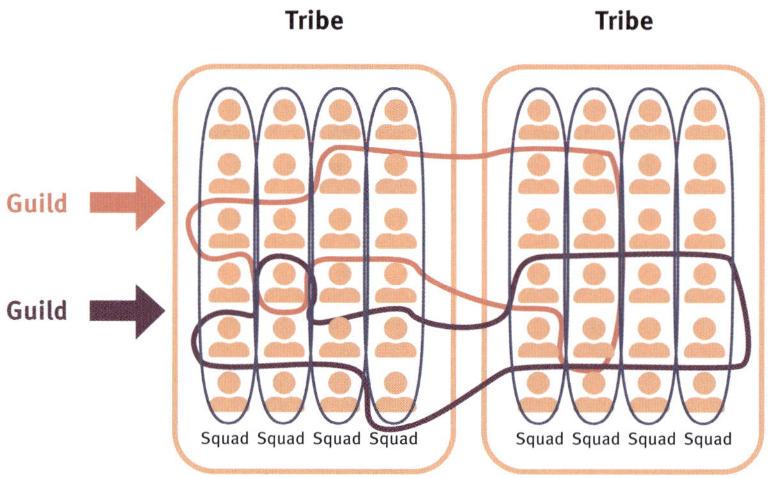

Figure 12.6 Les *guilds* chez Spotify

Pour préserver l'intégrité et la cohérence du système, Spotify a créé deux rôles de coordination technique au premier niveau de l'entreprise et supervisant la communauté *guild* technique : le premier, le *chief architect*, est en charge de la coordination globale ; le second, le *global owner*, est dédié à une partie du système. Ce dernier rôle est assuré par un membre de *squad* ou de *chapter* qui, en plus de sa responsabilité opérationnelle, prend en charge un rôle de correspondant des équipes pour tout problème technique relatif à l'architecture, la qualité, la documentation.

L'équipe de Spotify se défend d'avoir reconstitué *de facto* une structure matricielle classique à l'instar des autres entreprises : « Dans une structure matricielle, les personnes qui ont des compétences proches sont regroupées dans des départements fonctionnels et sont affectées à des projets avec un rattachement fonctionnel à un manager... Notre matrice est orientée vers la réalisation selon un *modèle professeur et entrepreneur*[7]. »

La dimension verticale de la matrice Spotify, qui représente l'activité principale de tout équipier, se caractérise par une appartenance à une équipe (*squad*) où les personnes avec différentes compétences collaborent et s'auto-organisent pour délivrer le produit.

La dimension horizontale de la matrice, qui représente l'activité de partage de savoir-faire, d'apprentissage des outils et des langages (code), est assurée par un *chapter lead* qui joue un rôle transverse de facilitation et support (voir Figure 12.7).

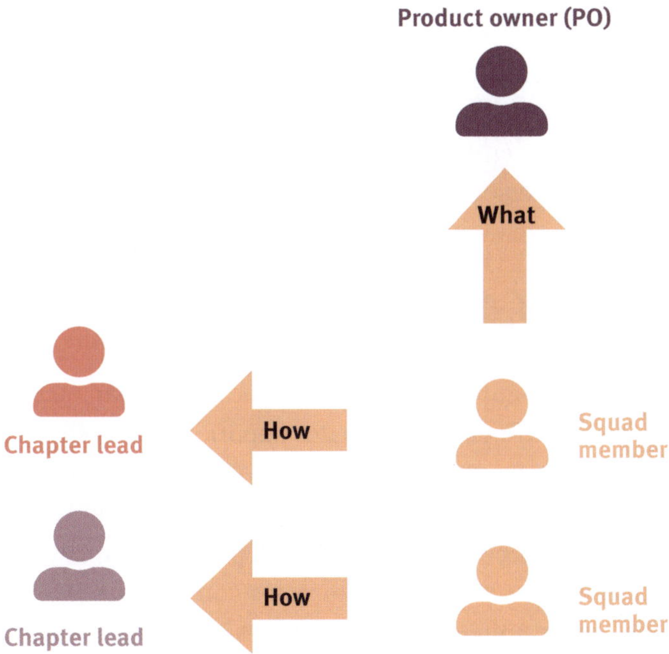

Figure 12.7 Le mode de fonctionnement et de coordination de Spotify

Au-delà de l'intérêt que constituent les innovations organisationnelles, les dirigeants de Spotify accordent une importance toute particulière à la culture qui constitue le ciment des nouveaux modes de travail et la base des mécanismes vertueux de coordination.

7 Gilles Garel, Le *Management de projet*, *op. cit.*

Parmi les fondements de la culture d'entreprise Spotify, on trouve quelques principes forts qui résonnent comme autant de mantras ou de slogans :

- « *Fail fast, learn fast, improve fast* » : apprenez de vos erreurs, créez un environnement convivial qui accepte l'échec, mettez-vous en permanence dans un état d'esprit d'amélioration continue.
- « *Think it, build it, ship it, tweak it* » : appliquez les principes du Lean start-up qui se déclinent en injonctions percutantes : « *impact > velocity* », « *innovation > predictability* », « *value delivery > plan fulfillment* ».
- « *Chaos > bureaucracy* » : ayez toujours à l'esprit que le pire serait de tomber dans la bureaucratie et la pesanteur des structures. Ne gardez que le minimum de bureaucratie afin d'éviter, dans un cadre de croissance accélérée, de tomber dans le chaos. Privilégiez toujours l'esprit agile.
- « *You are the culture. Model the behavior you want to see.* » Le slogan est puissant : la culture ne se décrète pas, elle est construite et nourrie par les personnes elles-mêmes, par l'incarnation des valeurs et leurs comportements réels.

Le nouveau paradigme : l'organisation agile

Le mode de travail agile mis en œuvre avec succès dans les start-up, les entreprises de la Tech et au sein des départements système d'information est progressivement devenu une référence. Pour les organisateurs et les consultants, il est la nouvelle frontière du mode projet qui, comme nous l'avons évoqué, commence à perdre de son aura.

Les dirigeants des grandes entreprises considèrent le mode agile comme une opportunité de faire bouger les lignes au-delà du monde des développeurs et des SI en déployant cette nouvelle approche organisationnelle de proche en proche à différents domaines ou processus de l'entreprise comme l'expérience client, les processus commerciaux voire les fonctions support (ressources humaines ou finances).

Dans cette perspective, le modèle Spotify constitue la référence avec la constitution de *squads*, *chapters*, *tribes*. Au-delà des appellations, l'enjeu est de constituer des équipes *cross* fonctionnelles aux compétences diverses qui s'auto-organisent et dont le mode de fonctionnement échappe aux standards du management par projet. Les métiers et les fonctions ne sont plus les acteurs référents, la régulation ne se joue plus dans des comités de pilotage, l'animation des équipes ne se fait plus par des directeurs et des chefs de projet dotés d'un pouvoir de coordination, de contrôle et d'animation fonctionnelle déterminant.

Au sein des entreprises pionnières qui ont expérimenté le mode agile hors des domaines des systèmes d'information, l'évolution de la culture, l'alignement des équipes sur la mission, la stratégie, des objectifs communs à court terme apparaissent comme les paramètres clés de la dynamique de transformation.

Extension du domaine du mode agile : l'exemple ING

Le champ d'expérimentation : les équipes marketing, développement produit, management des réseaux, développement IT au siège du groupe ING aux Pays-Bas (3 500 personnes).
Exclus du périmètre : les agences bancaire, les fonctions support RH et finance, la fonction *risk*, le *call center*, les opérations et l'infrastructure IT.
Sur le modèle de Spotify, création de 13 tribus rassemblant 150 personnes couvrant les services de prêt hypothécaire, services titres, la banque privée avec un coordinateur établissant les priorités, allouant les budgets, s'assurant du partage des savoir-faire entre les tribus.
Au sein de chaque tribu une équipe de 9 personnes ou moins est dédiée à la création ou à l'enrichissement d'un produit ou service.
Création également de *chapters* pour la coordination dans les domaines techniques comme *data analytics*, processus système.
ING a consacré un important investissement en temps et formation pour changer les comportements, responsabiliser les équipiers, faire évoluer les esprits vers la centricité client.
L'expérimentation est considérée comme un succès : augmentation des taux de satisfaction client et des niveaux d'engagement collaborateur. La banque a décidé de déployer l'expérimentation progressivement aux 40 000 employés hors des Pays-Bas.

Source : Dominic Barton, Dennis Carey et Ram Charan, « One Bank's Agile Team Experiment » , *Harvard Business Review*, mars-avril 2018, https://hbr.org.

Forts de ces expérimentations et portés par une mode managériale naissante, le monde académique et les cabinets de conseil tentent de formaliser un nouveau modèle de référence, « l'organisation agile », qui deviendrait le nouveau paradigme organisationnel.

Mais au fait, qu'entend-on par entreprise ou organisation agile ?

Est communément admise la définition générique suivante : est agile une entreprise capable d'adapter rapidement sa structure, ses modes de coordination et son management aux conditions nouvelles et changeantes du marché. On pourrait ajouter également cette notion de mouvement perpétuel reprise par Dave Ulrich : « Les organisations agiles expérimentent en permanence, améliorent, font bouger les frontières à l'intérieur entre les silos et à l'extérieur avec les clients, en créant des réseaux ou des écosystèmes pour progresser[8]. »

Dans cette définition générique, l'agilité serait d'abord un état d'esprit, une posture managériale, une dynamique vertueuse des comportements, plus qu'une caractéristique tranchée en matière de design organisationnel. Sur ce dernier point notamment, l'approche du cabinet de conseil McKinsey sur les cinq traits caractéristiques de l'organisation agile est intéressante, car elle recouvre des dimensions clés de l'organisation : la vision, les structures, les personnes, les processus, la technologie (voir Tableau 12.2).

Toutefois, dans cette configuration de McKinsey, l'expression des caractéristiques sur les structures et les modes de coordination de l'organisation agile reste très générale et au niveau de grands principes. Le modèle de l'organisation agile est à inventer avec la difficulté à articuler des activités et des domaines pouvant basculer en mode de fonctionnement agile (systèmes d'information, développement produit, interfaces client) et les autres activités de production ou de support dont le basculement en mode agile semble plus complexe.

Presque deux décennies après la parution du Manifeste agile, l'onde de choc est encore particulièrement puissante. Les principes du manifeste ont irrigué le monde des start-up et des entreprises de la Tech.

8 Dave Ulrich, « Agility: The New Response to Dynamic Change », RBL blog, 23 mai 2018, https://rbl.net, 2018.

Dans les grandes organisations dominées par la verticalité et le contrôle, le mode agile a fait exploser les modèles existants et a engagé une partie de l'entreprise vers de nouveaux modes de travail centrés sur l'autonomie, l'auto-organisation et une réelle culture entrepreneuriale. Au sein de ces structures, le mode agile a su transcender le management par projet par une approche nouvelle réellement sociotechnique qui prend en compte les interactions entre les systèmes techniques, les changements sociétaux et les comportements humains.

Ce faisant, le mode agile a impulsé une réelle dynamique de transformation en plaçant l'homme, l'équipe, l'expertise, la fluidité des coordinations au cœur de nouveaux modèles organisationnels. En ce sens, le mode de fonctionnement agile constitue, au même titre qu'une approche centricité client, un ferment à une profonde évolution des organisations.

Tableau 12.2 Les cinq caractéristiques de l'organisation agile

	Modèle	Pratiques organisationnelles agiles
Stratégie	Incarnation d'un cap sur toute l'organisation	• Vision et raison d'être partagées • Détection et saisie des opportunités • Allocation flexible des ressources • Orientation stratégique réalisable
Structure	Réseau autonomisé d'équipe	• Structure claire et plate • Rôle et responsabilité clairs • Gouvernance interactive • Des communautés de pratiques robustes • Écosystème et partenariats actifs • Environnement physique et virtuel ouvert • Cellules responsables du développement métier
Processus	Cycles d'apprentissage et de décisions rapides	• Itération rapide basée sur l'expérimentation • Modes de travail standardisés • Orienté performance • Transparence sur l'information • Apprentissage continu • Prise de décision orientée vers l'action
People	Modèle dynamique qui embrase les passions	• Cohésion des communautés • Leadership partagé • *Servant leadership* • Esprit entrepreneurial • Mobilité des rôles
Technologie	Technologie de prochaine génération	• Évolution des architectures technologiques, systèmes et outils • Développement et mise en œuvre des technologies de prochaine génération

Source : McKinsey Report, janvier 2018

13

L'innovation : la culture et les communautés avant les processus

Si nous devions illustrer par un nuage de mots l'occurrence des thèmes les plus cités par les dirigeants, se détacheraient nettement l'agilité, l'innovation, la culture, la collaboration ou le talent.

À la différence de l'agilité décrite dans le chapitre précédent, l'innovation est un concept d'économiste que la littérature managériale a amplement repris pour en faire une composante essentielle de la stratégie et de l'organisation des entreprises.

L'innovation figure aujourd'hui en première page de tous les plans stratégiques des entreprises, sans doute pour rassurer les actionnaires et l'ensemble des salariés inquiets d'une concurrence intense et de la transformation radicale qui s'opère sur les marchés. Mais entre le simple fait de décréter que l'entreprise dispose de ressources et d'atouts pour générer un flux continu d'innovations et la réalité, il y a un fossé immense. L'injonction à plus d'innovation dans les entreprises installées se heurte à la routine organisationnelle, au manque d'anticipation, à l'aversion pour le risque et, plus globalement, à une culture d'entreprise et managériale au final conservatrice.

Simultanément, les leaders d'opinion glorifient les figures d'entrepreneurs qui, dans une approche intelligente d'identification de services ou de besoins inexploités, ont construit des réussites exemplaires. Par ailleurs, la loi de Moore (qui a trait au doublement des capacités de traitement des processeurs tous les deux ans) s'est installée durablement en arrière-plan et a fait basculer l'ensemble de notre société dans une économie où le digital reconfigure les liens entre les différentes parties prenantes, apporte de nouvelles possibilités de service, réduit les distances, décuple les potentiels de communication, transcende des capacités jusque-là réservées à la seule intelligence humaine. Ce dépassement de la frontière technologique et cette emprise du digital sur nos systèmes ne cessent de croître sans que l'on puisse en imaginer réellement les limites. D'ores et déjà, l'ordinateur quantique préfigure une des étapes majeures à venir pour démultiplier nos capacités de traitement de la donnée et passer à ce que nous pensions hier être seulement de la science-fiction.

L'innovation, telle que vue dans les décennies précédentes, était un processus transverse de l'entreprise qui définissait chacune des contributions des différentes fonctions à ce processus : un processus linéaire, calqué sur une chaîne de valeur de l'entreprise tout aussi linéaire (voir Figure 13.1).

« De l'idée au marché » : chacun s'inscrivait d'une certaine manière dans ce processus pour au final étendre un peu plus son marché, gagner un peu plus de clients ou se créer un avantage concurrentiel pour quelque temps. Nous l'avons vu, si la lutte contre les concurrents demeure une priorité à court terme pour les entreprises, la capacité d'intégration des différentes mutations (technologiques, sociales, sociétales) à l'œuvre dans nos sociétés est un défi plus large et plus complexe encore. L'action d'innover (c'est-à-dire la capacité de faire les choses autrement), traduite par une ou des innovations (choses nouvellement produites), n'est plus simplement un levier de croissance, mais une condition *sine qua non* de la survie des entreprises.

De nouveaux paradigmes pour l'innovation

L'OCDE propose cette définition large de l'innovation :

« Une innovation est la mise en œuvre d'un produit (bien ou service) ou d'un procédé nouveau ou sensiblement amélioré, d'une nouvelle méthode de commercialisation ou d'une nouvelle méthode organisationnelle dans les pratiques de l'entreprise, l'organisation du lieu de travail ou les relations extérieures[1]. »

....

1 OCDE/Eurostat, *Manuel d'Oslo : Principes directeurs pour le recueil et l'interprétation des données sur l'innovation*, 2005, p. 54.

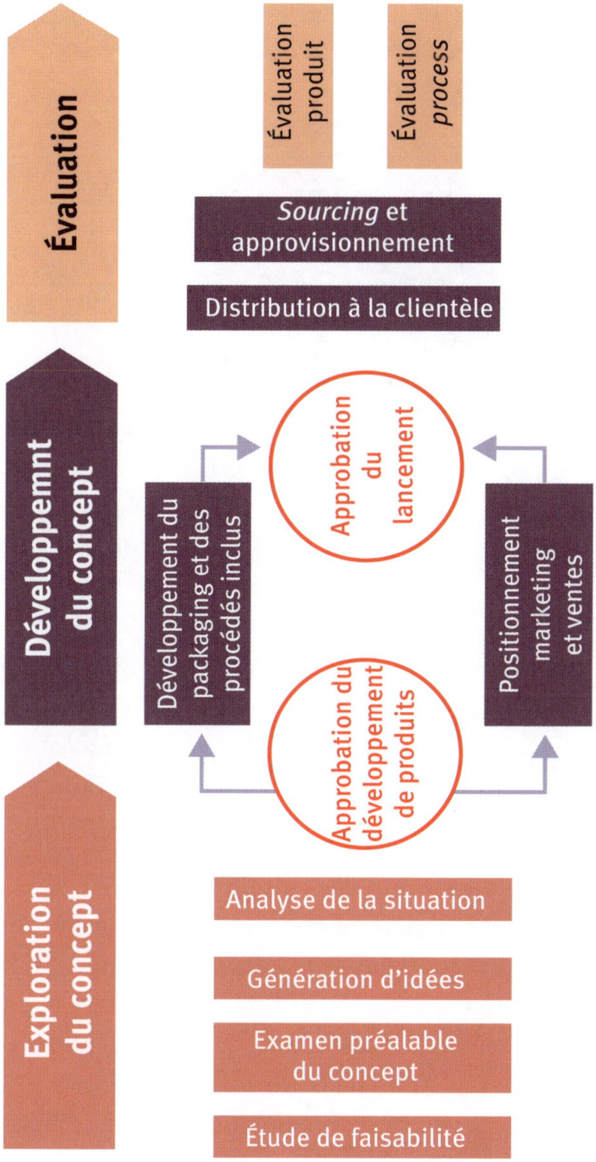

Figure 13.1 Un processus classique d'innovation

Elle distingue quatre types d'innovation (voir Figure 13.2).

Innovation de produit	**Innovation de procédé**
Une **innovation de produit** correspond à l'introduction d'un bien ou d'un service nouveau ou sensiblement amélioré sur le plan de ses caractéristiques ou de l'usage auquel il est destiné. Cette définition inclut les améliorations sensibles des spécifications techniques, des composants et des matières, du logiciel intégré, de la convivialité ou autres caractéristiques fonctionnelles.	Une **innovation de procédé** est la mise en œuvre d'une méthode de production ou de distribution nouvelle ou sensiblement améliorée. Cette notion implique des changements significatifs dans les techniques, le matériel et/ou le logiciel.
Innovation de commercialisation	**Innovation organisationnelle**
Une **innovation de commercialisation** est la mise en œuvre d'une nouvelle méthode de commercialisation impliquant des changements significatifs de la conception ou du conditionnement, du placement, de la promotion ou de la tarification d'un produit.	Une **innovation d'organisation** est la mise en œuvre d'une nouvelle méthode organisationnelle dans les pratiques, l'organisation du lieu de travail ou les relations extérieures de la firme.

Figure 13.2 Les quatre types d'innovations selon l'OCDE

Si ces définitions n'apportent rien de nouveau (sinon dans l'objectif de comparer les différents niveaux d'innovation dans le monde, car telle est la finalité de cette définition de l'OCDE), elles fixent de nouveaux territoires pour l'innovation, particulièrement pour l'innovation de commercialisation ou organisationnelle.

D'autres typologies existent, notamment celle très diffusée de James Utterback et Clayton Christensen[2] qui caractérisent les innovations en fonction des impacts sur le comportement du client-consommateur d'une part, et des compétences des entreprises à fournir le service ou

2 « Strategies for Survival in Fast-Changing Industries », *Management Science*, vol. 44, n° 12, décembre 1998.

le produit d'autre part. On y distingue ainsi les innovations incrémentales, radicales, majeures et stratégiques (voir Figure 13.3).

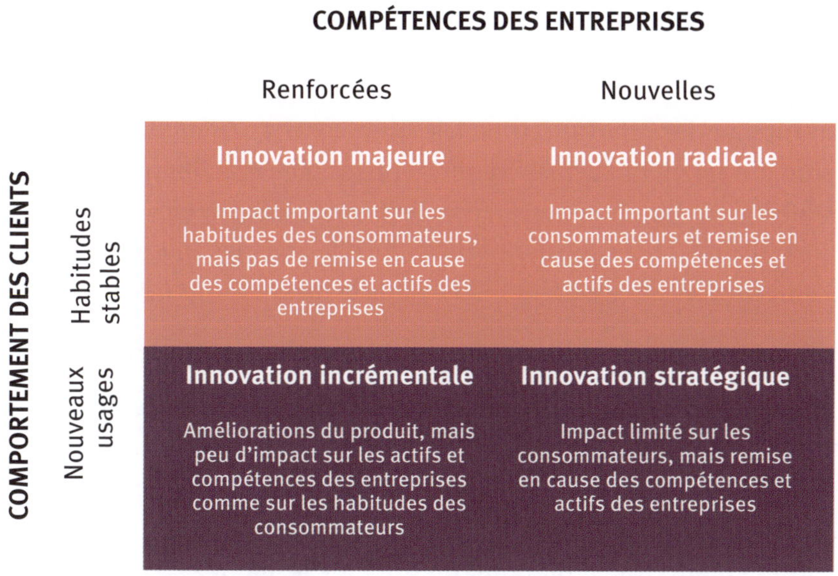

Figure 13.3 Typologie des innovations selon Utterback et Christensen

Ces deux approches typologiques de l'innovation montrent assez clairement comment le regard porté sur l'innovation ou l'action d'innover a évolué dans la représentation commune. L'innovation produit/service n'est en effet plus l'épicentre de l'innovation. Nous l'avons vu dans le chapitre 11, si le produit ou le service demeure au centre de l'échange de valeur entre l'entreprise et le client, ce dernier ne verra plus seulement cette valeur par le seul prisme des caractéristiques du produit ou service en question, mais par sa désirabilité croissante au travers d'un parcours client lui procurant bien plus que le produit ou service, mais apprentissage, conseil, fluidité, confort, sécurité... bref, une expérience dont il gardera une trace bien plus immatérielle et qu'il pourra partager avec ses amis sur les réseaux sociaux.

Il ne s'agit donc plus seulement de faire travailler des équipes sur l'amélioration des produits ou services du cœur de métier de l'entreprise, mais de travailler de concert sur toute la chaîne de valeur pour faire évoluer aussi le business model de la société.

Comme nous l'avons souligné dans la première partie, la quatrième révolution industrielle touche l'ensemble des fonctions, métiers et processus de l'entreprise avec une ampleur sans précédent.

L'enjeu premier de l'innovation ou, mieux, de l'action d'innover devient la transformation du modèle de l'entreprise dans une économie en pleine mutation. Les innovations radicales ou stratégiques sont avant tout des innovations où les compétences mêmes de l'entreprise sont fortement impactées. Les entreprises bien établies qui voient des start-up ou des entreprises de la Tech venir « disrupter » leur marché n'ont d'autre choix que de se réinventer elles-mêmes sous peine de voir leur position très affaiblie – et ce dans le meilleur des cas.

L'innovation, un enjeu stratégique et culturel

La difficulté[3] est moins de « trouver » une nouvelle technologie ou un produit que de créer le modèle de valeur permettant de l'exploiter durablement sur le marché, d'anticiper le modèle d'organisation adéquat de l'écosystème et d'accompagner l'ensemble des collaborateurs vers ce nouveau modèle. L'innovation doit s'inscrire aujourd'hui dans un mouvement d'ensemble de l'entreprise. Elle ne peut être le domaine réservé d'une équipe chargée de faire évoluer produits et technologies ou d'une direction accueillant des start-up pour accélérer le rythme de l'innovation.

La grande différence du succès de l'innovation d'une entreprise établie *vs* une start-up réside davantage dans sa *capacité à gérer la dynamique de transformation issue de l'innovation* : la grande entreprise doit faire évoluer sa stratégie et son organisation en tenant compte de son histoire et de la capitalisation des compétences existantes ; la start-up part quant à elle d'une « feuille blanche » et adapte ses propres solutions et son organisation à la situation de marché qu'elle crée.

3 Michael Dell, fondateur de Dell Inc., devant une assemblée de chefs d'entreprise français, en janvier 2005 : « Innover, c'est facile. La difficulté, c'est transformer une innovation en un vrai business. »

Les dirigeants des grandes sociétés ont semble-t-il face à eux cet énorme défi à résoudre : déconstruire un modèle pour en recréer un autre (au moins en partie).

Cette orientation est loin d'être simple à impulser, mais son acceptation est le premier pas vers une vision stratégique qui donnera corps à une projection de l'entreprise et de ses collaborateurs dans l'avenir. Cela revient à assumer que des pans entiers de l'entreprise se transforment, parfois difficilement, sur des chantiers de grande ampleur, avec les risques inhérents à de telles transformations.

Si l'on se réfère aux travaux de Elke den Ouden[4], « l'action d'innover » commence au plus haut niveau dans la formulation d'une vision stratégique claire et assumée de la transformation, pour mobiliser, engager, partager un sens commun avec l'ensemble des collaborateurs sur le chemin à venir.

Si cette vision reste néanmoins la plupart du temps flottante (car il est bien difficile de visualiser concrètement le point d'arrivée), la démarche de l'innovation passe nécessairement par une recontextualisation de la création de valeur de l'entreprise sur quatre niveaux (voir Figure 13.4) :

- création de valeur pour l'utilisateur (par exemple, plaisir, disponibilité, accessibilité...) ;
- création de valeur pour l'organisation (par exemple, image de l'entreprise, croissance des revenus...) ;
- création de valeur pour l'écosystème (par exemple, partage de compétences, de valeur...) ;
- création de valeur pour la société (par exemple, impacts environnementaux, santé, pauvreté...).

Disposer d'une vision est une condition nécessaire, mais pas suffisante, loin de là. Les entreprises établies, non issues des technologies, se sont construites au fil des décennies sur leur capacité à maîtriser les différents leviers de performance de leur organisation et de leur environnement. Au fil du temps, une culture d'entreprise s'est façonnée sur des valeurs communes, des comportements ou des pratiques mana-

4 *Innovation Design: Creating Value for People, Organizations and Society*, Springer, 2012.

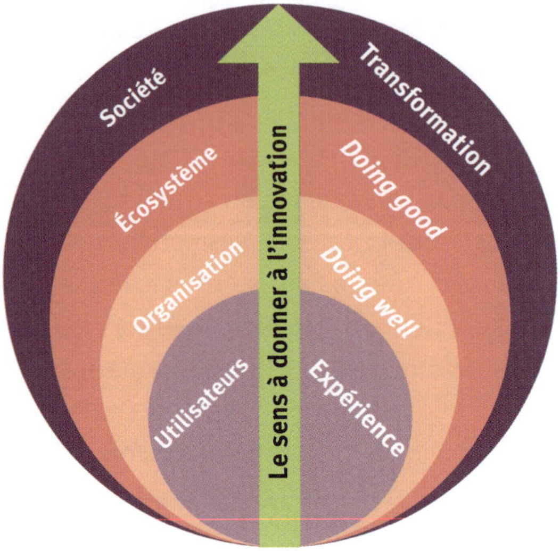

Figure 13.4 Les quatre niveaux de valeur pour l'entreprise

gériales partagées, gage de la stabilité de l'organisation. Que ce soit sur des processus qui ont fait leurs preuves jusqu'ici ou sur des éléments de pratiques collectives, un cadre de référence et de croyances pour l'ensemble des collaborateurs s'est structuré au gré des batailles gagnées ou perdues par l'entreprise – un cadre dont il est bien difficile de sortir pour s'engager dans une nouvelle voie. Le nouveau paradigme de l'innovation (au sens où l'action d'innover est un levier de la transformation de l'entreprise) exige un état d'esprit différent dans l'approche collective de cette problématique.

La capacité d'innovation des entreprises résulte ainsi de leur aptitude à anticiper, traduire et se représenter les évolutions de l'environnement ou l'irruption de nouvelles formes de concurrence comme autant de lignes de force susceptibles de les éliminer de leur marché. Innover signifie alors adopter de nouveaux modes de gestion, de nouvelles valeurs et de nouveaux processus pour accompagner l'évolution en marche – ou au contraire tenter de la freiner.

La figure 13.5, empruntée à Kim Cameron et Robert Quinn[5], permet de visualiser des typologies d'entreprises et les dynamiques à l'œuvre. Les

5 *Diagnosing and Changing Organizational Culture: Based on the Competing Values Framework*, Addison-Wesley, 2011.

auteurs partent de deux axes majeurs de différenciation. Un premier axe oppose la stabilité, le contrôle et l'ordre à la flexibilité, la discrétion et au dynamisme. Un second axe différencie l'orientation vers l'interne et l'intégration à l'orientation vers l'extérieur, la différentiation et la concurrence.

À partir de ces deux axes, les auteurs identifient quatre cultures d'entreprise avec des caractéristiques types : la collaboration pour la culture « clanique », le contrôle pour la culture « hiérarchique », la compétition pour la culture « marché ». L'innovation/création est favorisée lorsque la culture de l'organisation se situe dans la partie « adhocratie », c'est-à-dire une organisation ouverte sur l'extérieur où chacun possède une grande liberté d'action et où « les environnements de travail sont créatifs et entrepreneuriaux, le management visionnaire, innovant et orienté vers le risque[6]. »

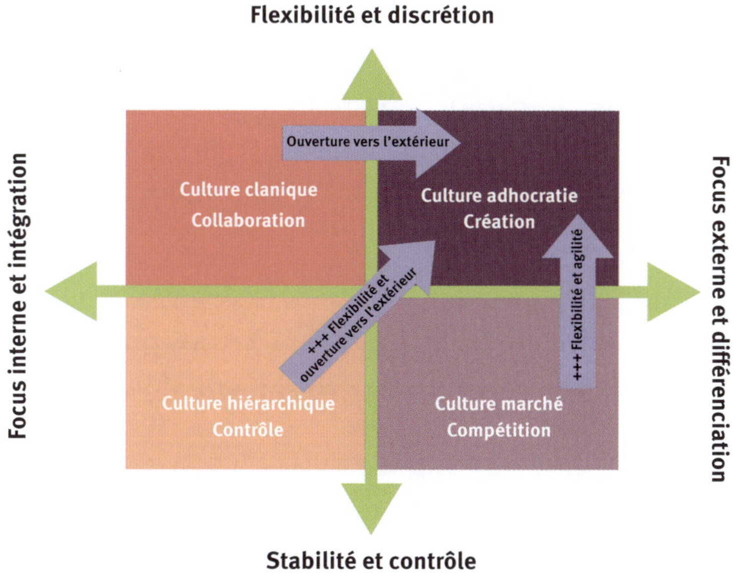

Figure 13.5 Cultures d'entreprise

Attention, les quatre catégories ne sont cependant pas mutuellement exclusives les unes des autres : pour opérer durablement, une organisation a besoin de posséder des caractéristiques dans chaque cadran.

6 Gilles Garel, *Le Management de projet*, *op. cit.*

Même si l'approche est différente, Kim Cameron et Robert Quinn rejoignent Henry Mintzberg pour souligner que l'adhocratie apparaît comme la configuration organisationnelle la mieux adaptée à l'innovation par sa structure, son mode de coordination et sa culture.

Toutes les organisations ne sont donc pas semblables et la trajectoire pour développer les capacités d'innovation ne sera pas identique : à chacune de faire son diagnostic pour consolider telle ou telle faiblesse, sans pour autant se pervertir ou se dénaturer. Ainsi, nombre de start-up après leurs premiers succès ont besoin, à partir d'une taille critique, de se structurer autour de processus (qui permettent, sinon un contrôle, du moins un référentiel partagé) pour gérer les problèmes de coordination et de répartition des rôles et des responsabilités. À l'inverse, les entreprises matures, maîtrisant les leviers de leur cœur de marché, ont besoin de « libérer les énergies », desserrer les formes de contrôle, simplifier, pour retrouver un second souffle et s'adapter à un environnement en pleine mutation.

Ainsi, au-delà de l'intention stratégique, le succès d'une transformation par l'innovation passe nécessairement par une évolution culturelle de l'entreprise pour permettre la fertilisation de terreaux propices à innover, entendu au sens de « faire les choses autrement ».

Développer les capacités d'innovation des entreprises à travers un cadre renouvelé

Reprenons les quatre idées-forces développées précédemment :

- Les entreprises se doivent d'innover pour survivre et se développer.
- L'innovation suppose de travailler sur l'ensemble de la chaîne de valeur pour faire évoluer le business model de l'entreprise.
- Le succès d'une transformation par l'innovation passe nécessairement par une évolution culturelle de l'entreprise.
- La configuration organisationnelle adhocratique privilégiant des équipes autonomes et des modes de coordination fluides est plus favorable à l'innovation.

En nous inspirant des travaux du spécialiste du management C. Brooke Dobni, nous avons identifié quatre leviers majeurs d'innovation (voir Figure 13.6) qui permettent selon nous cette dynamique globale de transformation et cette évolution culturelle indispensable.

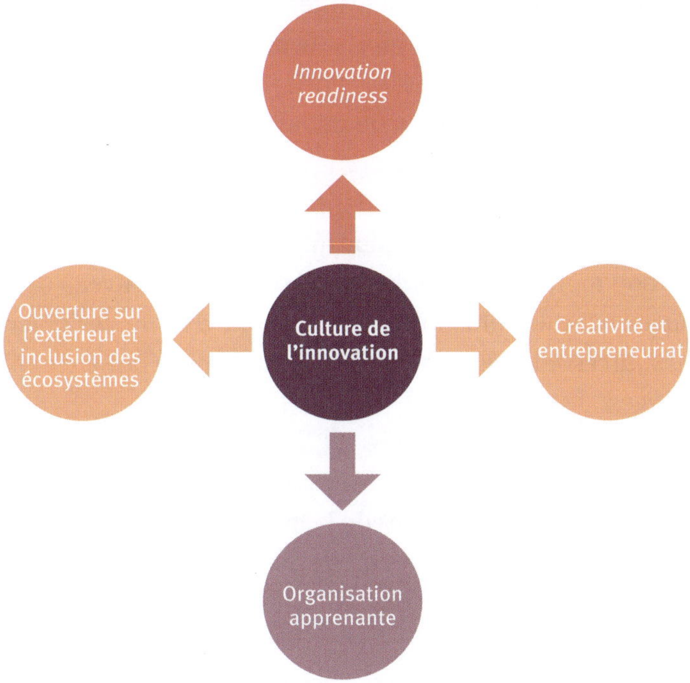

Figure 13.6 Les quatre leviers majeurs d'innovation

Innovation readiness

Votre organisation est-elle prête à innover ? Si l'on pose cette question à des dirigeants, des managers ou des collaborateurs d'entreprises installées, les réponses seront sans doute contrastées selon la taille de l'entreprise, le secteur d'activité et leur place dans l'organisation, mais globalement le taux de réponses négatives a de grandes chances d'être élevé.

Autrement dit, l'« *innovation readiness* », ou niveau de préparation de l'organisation à l'innovation pour s'assurer que ces idées pourront être mises en œuvre, est un levier important pour favoriser les initiatives et stimuler l'innovation.

La « disposition à l'innovation » s'analyse en fait sur deux niveaux distincts : la propension (intention) de l'organisation à l'innovation et le contexte de mise en œuvre.

- La propension à l'innovation renvoie à la question d'évaluer dans quelle mesure l'innovation a été intégrée dans la vision, la mission et le business model de l'entreprise et est considérée ou non comme un objectif stratégique de l'entreprise. Très souvent, on retrouve l'innovation au niveau des valeurs ou des professions de foi dans les projets d'entreprise… mais plus déterminants sont la place, les ressources, la feuille de route dédiées à l'innovation dans les plans stratégiques ou la communication aux investisseurs. L'appropriation par les collaborateurs des enjeux qui se jouent au niveau de l'innovation est d'autant plus forte que la vision globale, les objectifs et les ressources allouées en matière d'innovation ont été expliqués et partagés.
- Le contexte de mise en œuvre est lié à la façon dont l'entreprise décline les différents types d'innovations : les innovations incrémentales sont-elles déployées de la même manière que les innovations de rupture ? Il est important de disposer d'un contexte de mise en œuvre souple pour l'innovation, car l'intégration des différents types d'innovations exige une gestion des processus et des structures spécifiques pour chacune d'entre elles. Les grandes sociétés sont généralement bien préparées pour déployer des innovations incrémentales, mais lorsqu'il s'agit d'innovations de rupture, des freins surgissent rapidement :
  - l'inertie organisationnelle et la difficulté à remettre en cause le modèle dans une aversion au risque ;
  - des schémas mentaux au niveau du management, inhibiteurs de pratiques innovantes ;
  - le management même de l'innovation au sein de la société, qui fait émerger des solutions peu riches en renouvellement des modèles.

De fait, l'innovation radicale a besoin d'un autre type de processus de gestion, moins structuré, et d'un autre type de creuset culturel que l'innovation incrémentale. Pour illustrer ces propos, le tableau 13.1

présente les archétypes communément admis de l'innovation incrémentale et radicale, et les compare selon plusieurs dimensions.

Tableau 13.1 Comparatif des archétypes des innovations incrémentales et radicales

	Innovations incrémentales	Innovations de rupture
Processus	Formalisés Centralisés Systématiques	Conditionnels Décentralisés Peu structurés
Structure	Fonctionnelle Centrée efficience	Facilitant la collecte des connaissances Supportant le risque et assumant l'orientation prise
People	Homogénéité Séniorité et expérience	Hétérogénéité Plus jeune et entrepreneur
Focus	Réduction des coûts Ajout de fonctionnalités Amélioration de l'efficience	Nouvelles méthodes et technologies Expérimentation
Aspects de l'organisation	Maturité Inertie Focus efficience Focus sur l'esprit d'équipe Amélioration continue	Entrepreneuriat Focus sur la nouveauté Coopération individuelle Rupture du cadre

Source : McLaughlin *et al.*, 2008

Si la culture de l'innovation doit s'articuler autour d'une intention stratégique claire l'intégrant comme un pilier de l'entreprise, il est néanmoins primordial que l'organisation soit en mesure d'intégrer toutes les innovations, tant incrémentales que de rupture. On voit donc toute la difficulté actuelle des entreprises (principalement des entreprises établies) à faire cohabiter en leur sein des éléments culturels aussi opposés que ceux décrits dans le tableau.

Pour exemple, Nespresso, filiale de Nestlé, s'est construite hors de l'entreprise, hors des processus d'innovation incrémentale de la société pour pouvoir développer son concept. De l'aveu même de certaines personnes en interne, le succès de Nespresso n'aurait jamais pu avoir lieu si le concept avait été développé au sein d'une grande machine telle que Nestlé, trop rigide, mais surtout trop éloignée d'une pure culture entrepreneuriale.

Créativité et entrepreneuriat

L'entreprise doit favoriser à la fois l'émergence d'idées qui viendront soutenir le flux d'innovations, mais aussi permettre à ses collaborateurs de développer hors des processus établis des idées et des projets à même d'accélérer les cycles de développement.

La créativité[7] à deux niveaux : le niveau individuel et l'environnement organisationnel

C'est l'approche psychologique qui a mis l'accent sur l'individu créateur. Au niveau individuel, la créativité résulte de l'expertise, des compétences créatives et de la motivation intrinsèque de la personne pour l'innovation. L'expertise est la base de tout travail créatif et concerne des facteurs tels que les connaissances techniques et factuelles. Mais elle ne suffit pas à elle seule à nourrir le processus créatif : il faut quelque chose de plus. Les aptitudes à la pensée créative sont liées à des caractéristiques individuelles telles que l'autodiscipline, l'indépendance et la persévérance. Ensemble, l'expertise et la pensée créative déterminent ce qu'une personne est capable de faire ; selon Abraham Maslow, « La question clé n'est pas "Qu'est-ce qui favorise la créativité ?" mais "Pourquoi, nom de Dieu, tout le monde n'est-il pas créatif ? Où a été perdu le potentiel humain ? Comment a-t-il été paralysé ?" Je pense donc qu'une bonne question pourrait être non pas pourquoi les gens créent, mais pourquoi ne créent-ils pas ? ». Si l'on reprend sa célèbre pyramide des besoins (voir Figure 13.7), cette motivation à la création se situe tout en haut de la pyramide, dans un besoin personnel de réalisation et d'accomplissement de soi. La libération de ce potentiel créatif individuel, dont nous disposons tous, dépend donc bien sûr du parcours individuel de la personne mais aussi de sa motivation à participer au projet d'entreprise. Au fond, le potentiel créatif est intimement lié à l'engagement des personnes sur leur mission au sein d'une société.

7 Le mot « créativité » est apparu dans les années 1940 aux États-Unis, et n'est entré au *Dictionnaire de l'Académie française* qu'en 1971 !

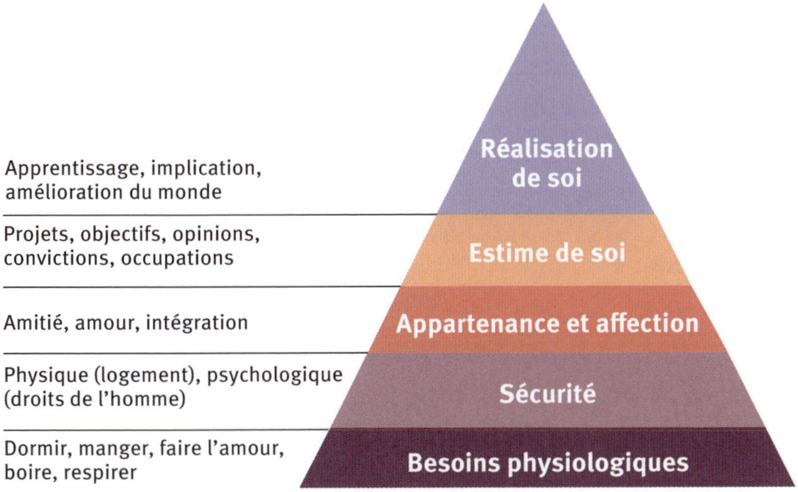

Figure 13.7 La pyramide des besoins d'Abraham Maslow

« Le moteur de la création est la nouveauté, le dépassement, la remise en cause, alors que l'organisation fonctionne par des routines[8]. » Combien de fois avons-nous entendu ce constat déplorant le décalage entre des discours appelant à la créativité et des pratiques formatées de conduite de projet d'innovation, où la phase amont d'idéation est restreinte et où les étapes qui permettent de passer de l'idée au projet sont encadrées par différents niveaux ou comités ?

Favoriser la créativité suppose de laisser libre cours à l'inspiration, de faire jouer la dynamique collective en innovant dans les modalités propices à cette génération de créativité : lancement d'hackathons auprès de communautés élargies, appel à idées, programmation de moments forts collaboratifs pour encourager la participation des salariés, aménagement d'espaces dédiés, « *learning expeditions* » dans des lieux décalés.

Les pratiques managériales sont déterminantes pour favoriser la créativité et la génération d'idées. Laisser des marges de liberté et accorder du temps aux collaborateurs pour participer à des communautés d'échange et de partage des idées, c'est reconnaître que le

8 Thomas Paris, « La création, de l'alchimie au management », *La Gazette de la société et des techniques*, n° 61, mars 2011.

processus d'idéation est créateur de valeur et développe les compétences. Prendre en compte la contribution du collaborateur à cette génération d'idées dans l'évaluation de sa performance individuelle et collective est tout aussi déterminant pour marquer des signes de reconnaissance.

Entrepreneuriat

Véronique Bouchard, spécialiste de stratégie et d'intrapreneuriat, parle d'« entrepreneuriat organisationnel » pour caractériser les modalités d'innovation qui, au sein d'une entreprise, ne reposent pas sur « des processus et des compétences institutionnalisés mais sur l'élan et l'improvisation des individus[9] ».

Des collaborateurs de l'entreprise, forts de leur énergie et de leur envie de créer, proposent des idées, développent des projets en dehors des règles et des procédures établies avec les marges de liberté et les ressources (temps, budget) accordées ou non par leur ligne hiérarchique. Les belles histoires d'innovation regorgent de ces exemples de salariés qui, au sein de leur entreprise, ont eu la vision, l'énergie et le leadership d'un entrepreneur pour porter avec succès un projet en bousculant la routine organisationnelle. Les belles histoires d'entrepreneurs abondent aussi de parcours de salariés de grandes entreprises qui, découragés par cette même routine et l'aversion au risque de ces grandes structures, ont porté avec succès le développement de leur projet à l'extérieur de l'entreprise.

À la différence de l'innovation institutionnelle, structurée par un processus, les entrepreneurs ou « intrapreneurs » selon l'appellation, opèrent, comme le note Véronique Bouchard, dans un univers incertain et aléatoire (voir Tableau 13.2). Ils doivent convaincre, sont à la recherche de moyens et de sponsors, et s'appuient souvent sur un réseau informel pour faire avancer leur projet.

9 Véronique Bouchard, « L'entrepreneuriat organisationnel au service de l'innovation », The Conversation, 22 novembre 2017, https://theconversation.com.

Tableau 13.2 Innovation institutionnelle *vs* entrepreneuriat organisationnel

Innovation institutionnelle	Entrepreneuriat organisationnel
Le projet innovant est légitime dès son lancement	La légitimité du projet innovant est établie en cours de route
Le financement du projet est garanti	Le financement du projet est incertain et conditionnel
Certains départements (recherche-développement et marketing généralement) en ont la prérogative	Le projet innovant peut voir le jour n'importe où dans l'organisation
S'appuie sur des efforts collectifs et repose sur des procédures et des circuits établis	S'appuie sur des initiatives individuelles, des réseaux informels et des procédures *ad hoc* (au moins initialement)
Faible personnalisation et forte spécialisation des tâches	Forte personnalisation et faible spécialisation des tâches

L'ampleur de ce mouvement d'entrepreneuriat organisationnel ou d'intrapreneuriat et son importance dans les flux d'innovation restent indéterminées, d'autant plus que l'entrepreneuriat a un « vaste champ d'application qui va au-delà de l'innovation produit : il peut être utilisé pour améliorer le processus et les systèmes, pour créer de nouvelles compétences en interne, pour développer de nouveaux modes de commercialisation et de promotion, proposer des services annexes, etc.[10] »

Intéressées par la dynamique d'engagement et d'autonomie portée par les intrapreneurs, certaines entreprises cherchent à favoriser l'initiative et la fibre entrepreneuriale de leurs salariés au travers de programmes ou de structures *ad hoc* – type labs ou incubateurs – à même de générer et d'accompagner les projets de start-up internes portés par leurs collaborateurs.

À titre d'illustration, l'encadré ci-dessous reprend l'exemple du programme intrapreneuriat de BNP Paribas, original dans sa démarche de soutien des projets conciliant business et responsabilité sociétale pour favoriser l'engagement des collaborateurs.

....

10 *Ibid.*

#Intrapreneurs4Good de BNP Paribas

Depuis un peu plus de quatre ans, BNP Paribas propose à ses collaborateurs les moyens de concrétiser leur propre idée en projet d'intérêt pour l'entreprise. En lien avec la direction de l'engagement de l'entreprise, l'intrapreneuriat prend cette année [en 2018] une nouvelle dimension, axée sur les projets qui répondent à la fois aux attentes du métier et de la société.

Développer un projet porteur de sens, c'est l'ambition d'un nombre croissant d'entrepreneurs et d'intrapreneurs, qui souhaitent concilier business et responsabilité sociale et environnementale. L'objectif de #Intrapreneurs4Good est de relier les collaborateurs issus de tous les métiers de la banque, dont les projets à impact positif sont susceptibles d'être développés dans les différents incubateurs métiers internes du groupe. Et de leur permettre de démultiplier leur impact, en interne comme en externe, autour des thématiques de l'engagement du groupe, en particulier sur les chantiers climat, jeune génération, vie locale et entrepreneurs.

Interview de Sabrina Murphy, experte en intrapreneuriat BNP Paribas[a]

« L'idée était de permettre aux salariés d'être acteurs du devenir de leur entreprise, de contribuer avec leurs propres idées à la transformation du groupe.

Le People's Lab est un projet qui mobilise à la fois les ressources humaines et l'innovation. Il fallait donc gagner les autorisations et l'adhésion des deux pôles. Il a d'abord été créé sous la forme d'un incubateur, c'est-à-dire d'un lieu.

Au sein de ce lieu nous avons développé des programmes dans lesquels des promotions de collaborateurs ayant des idées d'innovation sont accompagnées pour les transformer et les concrétiser en nouvelles activités du groupe. Après avoir été sélectionnés, les intrapreneurs se rendent au People's Lab un jour par semaine pendant quatre mois, en parallèle de leur activité habituelle. À la fin des quatre mois, les projets sont évalués par un comité composé de décideurs de l'entreprise, choisis par l'intrapreneur lui-même. À l'issue du "pitch", le comité donne son aval et les moyens demandés ou pas.

[...] Le plus important, c'est de comprendre qu'on ne peut pas innover seul. Le projet d'innovation du salarié, même s'il est très original, doit être connecté à l'écosystème de l'entreprise. Le programme d'intrapreneuriat de l'entreprise aussi. La transversalité est un facteur clé de succès. Les plus belles réussites que j'ai observées dans le cadre du People's Lab sont celles qui étaient parvenues à mobiliser le mieux leur environnement.

Pour proposer un projet d'intrapreneuriat ou pour créer un programme d'intrapreneuriat dans une organisation, il faut être à la fois pragmatique et créatif. Il faut être capable de dégager les outils pour développer ce projet, cela peut être du temps, du budget ou tout simplement les autorisations pour le faire. Il faut être capable de mobiliser progressivement autour du projet, autour de soi. [...]

Le second conseil que je pourrais donner est de s'inspirer de ce qui a déjà été fait, pour apprendre plus vite. Il ne faut pas hésiter à commencer par une expérimentation à une échelle réduite. Je pense qu'il faut s'inspirer du modèle des start-up qui lancent un produit qui n'est pas complètement fini puis, en analysant les retours qui sont faits, apportent des améliorations au fur et à mesure. Il vaut mieux tester et apprendre car si on veut innover, il y aura forcément une part d'incertitude.

Pour les dirigeants plus spécifiquement, la question à se poser est de savoir s'ils sont à l'aise avec l'idée qu'une partie de ce qui va se produire peut les surprendre. Pour garder malgré tout une bonne maîtrise du projet ou du programme, il est essentiel de bien s'entourer. [...]

Pour que le People's Lab puisse naître, j'ai fait appel à différents acteurs externes. Par exemple, dans le jury qui sélectionnait les projets qui allaient intégrer le programme, il y avait des personnes d'autres entreprises. Parmi les intervenants du programme, il y avait également des experts plus axés sur la technique. Concrètement, il y avait en moyenne deux tiers d'externes et un tiers d'internes. L'avantage, c'est que les personnes en interne connaissent très bien la culture de l'entreprise et les personnes extérieures peuvent apporter un regard nouveau, des compétences nouvelles. Cette rencontre permet de créer de nouveaux horizons. »

(a) « Innover au sein de son entreprise avec l'intrapreneuriat », 15 juin 2018, portail de l'Économie, des Finances, de l'Action et des Comptes publics, http://www.economie.gouv.fr.

Organisation apprenante

Au fil de son histoire, l'entreprise a acquis des compétences internes qui ont permis son développement, par exemple la conquête de certains marchés internationaux. Cette capacité de l'organisation à intégrer de nouveaux concepts, de nouvelles pratiques, de nouveaux modes de travail... a été identifiée comme un élément essentiel à la culture de l'innovation dans de nombreuses études et définie comme une « activité à l'échelle de l'organisation consistant à créer et à utiliser le savoir pour accroître l'avantage concurrentiel[11] ».

Selon Philippe Zarifian, « l'élément qui unifie toutes les dimensions d'une organisation apprenante peut s'exprimer ainsi : apprendre de l'instabilité et des mutations, et donc devenir actif face à cette instabilité, apprendre à s'affronter positivement au devenir (qui par définition est incertain). Et le faire ensemble, dans des démarches communicationnelles[12]. »

De nombreux auteurs ont travaillé sur la notion de « capacité d'absorption » des entreprises liée à la capacité d'apprentissage des organisations, facteur déterminant pour développer l'innovation. Par exemple, Shaker Zahra et Gerard George[13] ont décomposé la capacité d'absorption en quatre dimensions :

- acquisition, qui est la capacité d'une organisation à identifier et acquérir des connaissances externes ;
- assimilation, qui renvoie à des processus d'analyse, de traitement, d'interprétation et de compréhension des connaissances acquises et des informations obtenues ;
- transformation, qui se réfère à la capacité d'une organisation à développer les connaissances acquises et assimilées ;

11 Roger J. Calantone, S. Tamer Cavusgil et Yong Zhao, « Learning Orientation, Firm Innovation Capability, and Firm Performance », *Industrial Marketing Management*, vol. 31, n° 6, septembre 2002, p. 515-524.

12 Philippe Zarifian, « Organisation apprenante et formes de l'expérience », colloque *Constructivisme : usages et perspectives en éducation*, Genève, 8 septembre 2000, http://philippe.zarifian.pagesperso-orange.fr.

13 « Absorptive Capacity: A Review, Reconceptualization, ans Extension », *The Academy of Management Review*, vol. 27, n° 2, avril 2002, p. 185-203.

- exploitation, qui désigne la capacité à appliquer les connaissances transformées à des fins commerciales.

Cette approche très « *knowledge management* », qui a eu ses heures de gloire au début des années 2000, tend aujourd'hui à être supplantée par de nouvelles pratiques centrées sur le collaboratif et utilisant les moyens permis par le numérique pour faciliter la structuration des échanges et l'apprentissage de nouvelles méthodes. Parmi ces nouvelles approches, trois méritent une attention particulière : les communautés de pratique en innovation, les méthodes d'intelligence collective et le *design thinking*. Elles ont l'immense intérêt de combiner une dynamique humaine et une approche innovante pour générer les idées et conduire les innovations.

Les communautés de pratique en innovation

L'exemple ci-après de la structuration de communautés d'innovation au sein de l'entreprise Seb[14] éclaire comment ces communautés facilitent le processus d'innovation par un partage des idées et des expertises en renforçant le lien entre les personnes.

Seb : leader mondial du petit équipement domestique : 5 milliards d'euros de chiffre d'affaires ; 32 000 salariés

- Innovation, priorité stratégique du groupe : 178 millions d'euros investis en 2016
- Objectifs de la communauté lancée en 2011
  - Renforcer la transversalité entre les *business units*
  - Accélérer les processus d'innovation
  - Améliorer la veille technologique
  - Capitaliser sur les connaissances
- Nombre de participants : 600 personnes
- Modalités d'animation de la communauté
  - Outil de réseau social dédié

14 Lusine Arzumanyan et Ulrike Mayrhofer, « Les communautés de pratique en innovation dans les entreprises multinationales : le cas du groupe Seb », *Recherches en sciences de gestion*, n° 125, 2018, p. 27-44.

- Événement de rencontre physique : forum
- Ressource dédiée à l'animation de la communauté
- Bénéfices perçus
  - Facilitation des échanges entre personnes de profils et de compétences diversifiés
  - Création d'une dynamique
  - Réutilisation du savoir en interne
- Limites
  - Investissement temps et ressources
  - Impact direct sur l'innovation non mesurable directement
  - Démarche de partage non ancrée dans la culture de l'entreprise

Mobiliser l'intelligence collective

Martin Duval, expert en innovation et PDG du cabinet de conseil Bluenove, décrit l'intelligence collective comme l'utilisation « des capacités cognitives d'une communauté résultant des interactions multiples entre ses membres », ou peut-être mieux comme « la création de connaissances nouvelles à plusieurs centaines ou milliers de personnes au travers de la co-conception d'une solution en un temps contraint[15] ».

Basée sur les travaux du MIT dans le cadre du projet de recherche de la commission européenne Catalyst FP7 (dont est issue la plateforme Assembl de Bluenove), la mise en place d'un processus d'intelligence collective s'établit sur cinq phases (voir Figure 13.8).

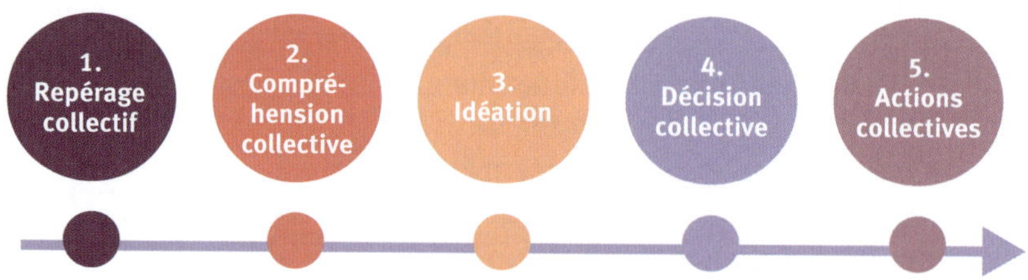

Figure 13.8 Les cinq phases du processus d'intelligence collective

15 Martin Duval, *De l'Open innovation à l'intelligence collective : mobilisez votre écosystème pour accélérer votre transformation*, Dunod, coll. « Stratégies et management », 2018 (2e éd.).

À partir du repérage collectif d'un enjeu qui mérite de mettre en place une approche d'intelligence collective (phase 2), une phase d'idéation est prévue, venant ainsi confirmer l'importance de la génération collective d'idées en amont de toute décision sur un projet d'innovation *a fortiori*. On notera aussi le caractère collectif du processus de décision et des actions qui sont issues de cette approche. Une telle démarche, mobilisant l'intelligence collective des individus et des équipes, génère par son essence même des bénéfices qui non seulement servent l'innovation mais, plus globalement, contribuent à la transformation de l'entreprise. Plus précisément, la démarche d'intelligence collective permet de :

- créer un sens partagé qui n'est pas issu d'un consensus mais de consentements mutuels qui mettent en perspective les différentes vues sur un sujet ;
- mobiliser les collaborateurs et accélérer les transformations par l'adhésion à un processus de changement qu'ils auront élaboré ensemble ;
- tirer profit d'une vision périphérique et du capital intellectuel des collaborateurs.

Dans le même registre, mais à une échelle moindre, les méthodologies telles que le *Design thinking* participent à cette nécessaire mobilisation générale des capacités de l'ensemble des collaborateurs vers l'innovation.

Le *Design thinking*

Le *design thinking* (voir Figure 13.9) a été développé dans les années 1980 par Rolf Faste, mais il a fallu attendre les années 2000 pour qu'il soit popularisé aux États-Unis par Ideo sous l'égide de Tim Brown, designer de formation. Il prétend couvrir tous les objets de l'innovation (produit, service, expérience, organisation), tous les leviers de l'innovation (technique, organisationnel, communication, marketing, financier) et toutes les phases de la conception innovante (de l'avant-projet à la mise en marché).

La définition officielle du *design thinking* donnée par Tim Brown est celle-ci :

« Le design thinking est une discipline qui utilise la sensibilité, les outils et méthodes des designers pour permettre à des équipes interdisciplinaires d'innover en mettant en correspondance attentes des utilisateurs, faisabilité technologique et viabilité économique. »

À la fois état d'esprit et discipline, le *design thinking* s'est imposé comme la référence en matière d'innovation avec une combinaison d'outils comme le « *business model canvas* », la carte d'empathie... D'autres méthodes fleurissent également, comme la théorie C-K (*concept-knowledge*) parfois plus performante et robuste dans la phase d'émergence ou le Lean Startup pour border l'ingéniosité des startuppers, le management de projets par enjeux...

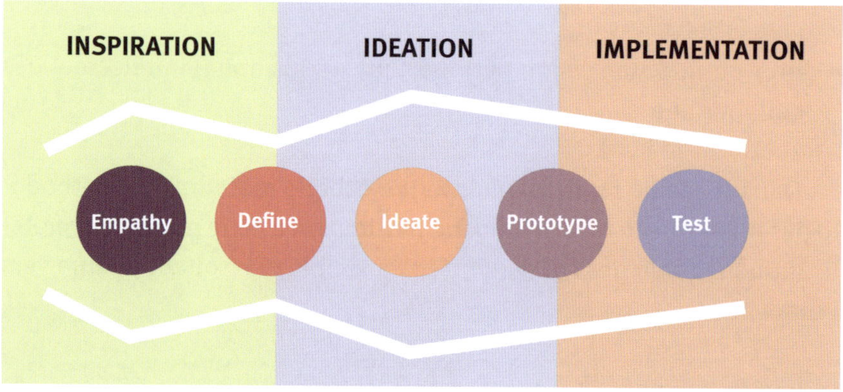

Figure 13.9 Les étapes du *design thinking*

Ces approches sont non seulement intéressantes par le renouvellement méthodologique qu'elles apportent, mais aussi et surtout par leur capacité à aborder les problématiques d'entreprise avec une approche culturelle favorisant l'ouverture externe et l'interdisciplinarité, privilégiant la communication et le partage, intégrant la complexité dans un principe de divergence/convergence, l'expérimentation et le prototypage rapide.

Ouverture sur l'extérieur et inclusion des écosystèmes

Comme nous l'avons vu précédemment avec le modèle de Kim Cameron et Robert Quinn (voir *supra*, p. 131-132), une culture et une configuration organisationnelles ouvertes sur l'extérieur sont beaucoup plus favorables à l'innovation. L'ouverture sur son environnement (modèle *outside-in*), sur les technologies nouvelles, sur les mutations sociales, est tout à la fois source de nouvelles idées pour le développement de produits ou services et d'opportunités pour faire évoluer les organisations. Il ne s'agit pas seulement de capter les tendances ou les signaux faibles qui permettront aux dirigeants d'anticiper les changements sur les marchés, mais bien d'irriguer l'ensemble de l'organisation dans son appropriation/compréhension de ces enjeux pour amener les acteurs à conduire les nécessaires transformations en cours.

Dans le chapitre 11, nous avons évoqué la centricité client comme étant une des dynamiques organisationnelles incontournables aujourd'hui pour prendre le virage de la quatrième révolution industrielle en cours. Mettre le client au cœur de l'innovation participe de cette ouverture sur l'extérieur pour aller rechercher d'autres leviers d'innovation (usages *vs* besoins). Les méthodes telles que le *design thinking* sont à ce titre des éléments méthodologiques qui participent aussi à une organisation apprenante et ouverte sur l'extérieur.

Les nouvelles formes de concurrence que nous avons décrites dans le chapitre 2 font la part belle aux écosystèmes et entreprises plateformes. Les sociétés ne pourront plus échapper à leur intégration dans des écosystèmes dont elles seront soit leaders, soit un maillon au sein de ces nouvelles configurations. Leur positionnement sera un paramètre clé plus important à l'avenir que leur part de marché sur un segment donné. La capacité à travailler avec des entreprises tierces dans un renouvellement des relations partenariales est donc l'un des enjeux de cette ouverture sur l'extérieur.

L'*open innovation*[16] participe bien évidemment de cette ouverture de l'entreprise sur son environnement. Elle recouvre de nombreuses

....

16 Notion introduite en 2003 par Henry Chesbrough, alors professeur à la Haas School of Business de Berkeley.

formes de coopération ou de collaboration avec différents acteurs, dont voici quelques exemples : appels à projets, collaboration avec des instituts de recherche (lien direct avec la recherche-développement des entreprises), avec des start-up, des prestataires, des fournisseurs, des clients voire des usagers. Sans oublier la collaboration en interne, que l'on rapportera à la mobilisation de l'intelligence collective – qui est une des formes de l'*open innovation.*

Selon Martin Duval, « l'*open innovation*, c'est reconnaître que l'on ne sait pas », et ainsi s'autoriser à s'adresser aux parties prenantes de l'entreprise pour chercher à l'extérieur des compétences (savoir-faire) manquantes. La mise en place de l'*open innovation* répond à différents impératifs pour les entreprises :

- démultiplier ses capacités d'innovation (il y aura toujours plus de ressources disponibles à l'extérieur qu'en interne !) ;
- partager le risque (beaucoup de projets ou d'initiatives verront leur marche stoppée dans le processus) ;
- accélérer le *time-to-market* ;
- augmenter la capillarité technologique par des transferts de solutions entre différents domaines et rester au contact des évolutions technologiques.

Si tous ces bénéfices sont clairement établis, encore une fois la grande difficulté de l'*open innovation* n'est pas la constitution ou la recherche des partenaires idoines, mais bel et bien l'intégration de ces innovations dans le business model de l'entreprise. L'*open innovation* à travers des start-up est bien souvent le cadre d'expérimentation grandeur nature de nouvelles approches. L'inclusion de ces start-up sonne bien souvent la fin d'une aventure pour des collaborateurs qui perdent instantanément l'engagement dont ils faisaient preuve dans leur ancienne structure : perte d'autonomie, perte d'une certaine liberté d'agir et surtout perte de sens de leur mission.

Les entreprises établies se voient confrontées à une équation difficile à résoudre : elles doivent innover (faire les choses autrement) pour se transformer dans un monde où les règles ont changé. Dans le même temps, elles doivent se transformer pour créer un cadre propice à l'innovation et à son intégration (voir Figure 13.10). Pour sortir de cette quadrature, l'ensemble de l'organisation doit avant tout se centrer sur la régénération de ses capacités d'innovation au travers d'un cadre de travail renouvelé :

- une culture qui favorise l'émergence et l'intégration de l'innovation par un changement de tropisme vers l'autonomisation, la flexibilité, le droit à l'erreur, l'expérimentation, la reconnaissance... ;
- une irrigation de l'innovation au sein de tous les services et non plus une innovation centralisée ;
- un angle d'ouverture sur l'extérieur plus large, favorisant les coopérations avec tout un écosystème permettant le renouvellement et le développement de compétences nouvelles au sein des entreprises ;
- une mobilisation de l'intelligence collective par des démarches d'ampleur, mais aussi par une plus large confiance faite aux équipes sur leur capacité de proposition.

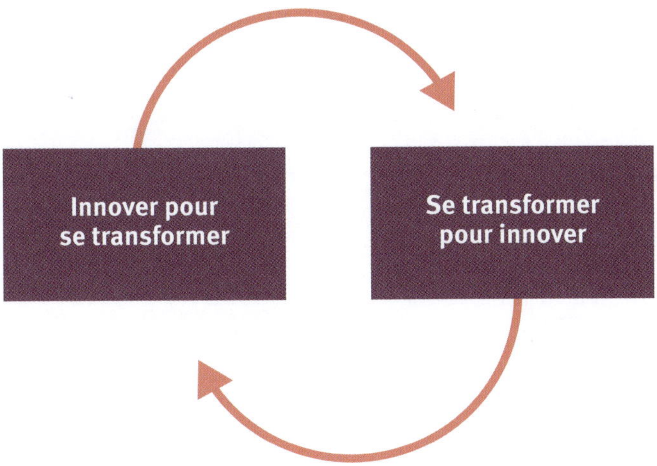

Figure 13.10 La quadrature du cercle pour les entreprises

Le point commun entre les nouvelles approches de l'innovation centrées intrapreneuriat, communautés de pratiques, groupes de *design thinking*, cercles d'intelligence collective, est qu'elles préfigurent une nouvelle structuration de l'entreprise mieux à même d'anticiper les mutations de l'environnement, de développer plus rapidement de nouveaux produits ou services, ou de repositionner la firme en cohérence avec son écosystème. À la base de ces nouvelles structurations, on trouve des communautés, des cercles qui, sous réserve de leur donner l'autonomie, les ressources et les compétences, enclenchent une dynamique humaine qui accélère la transformation, fait changer la culture. La difficulté est de faire coexister deux systèmes : une structuration par processus pour certains projets d'innovation particulièrement complexes ou présentant des enjeux forts de fiabilité à grande échelle, et une structuration par communautés ouvertes et auto-organisées. L'autre difficulté, qui constitue davantage un défi pour nombre d'entreprises, c'est la prise en compte d'une gestion différente des ressources et des relations humaines pour ces communautés : plus de confiance, des dispositifs de reconnaissance plus explicites, l'entretien du sens et la communication sur la vision pour perpétuer la fierté et l'engagement de façon durable.

> *« L'innovation n'est pas un flash de génie. C'est un travail difficile. Et ce travail devrait être organisé comme une activité régulière de chaque unité de l'entreprise, et ce à chaque niveau du management. »*
>
> *Peter Drucker*

En ce sens, l'innovation est une véritable dynamique organisationnelle.

14

Des fonctions support réinventées, créatrices de valeur

Les fonctions support inutiles ?

L'entreprise Favi figure parmi les « entreprises libérées » décrites par Isaac Getz dans son livre *Liberté & Cie*[1]. L'histoire de cette entreprise familiale du Nord, située sur la commune d'Hallencourt et spécialisée dans la fabrication de matériel de plomberie et de fourchettes de boîtes de vitesses pour automobiles, est singulière.

Jean-François Zobrist[2], le dirigeant qui reprend les rênes de l'entreprise en 1983, va changer radicalement l'organisation et promouvoir un management fondé sur la confiance («Il faut, à tout prix, que la confiance remplace le contrôle »), le rêve partagé (« rester à Hallencourt ») et l'amélioration continue (« celui qui fait sait »).

Jean-François Zobrist va ainsi transformer l'entreprise, jusqu'alors organisée classiquement par fonctions et en mode hiérarchique, en une quinzaine de mini-usines dédiées chacune soit à un client, soit à un marché spécifique. Les ouvriers de chaque mini-usine cooptent l'un des leurs (le leader) pour organiser la production. Un commercial autonome pour prospecter, définir sa gamme, choisir ses fournisseurs, est dédié à chaque mini-usine et possède son bureau au milieu des machines.

Ainsi chaque équipe, composée de 25 à 50 salariés, s'auto-organise et a toute latitude pour décider des investissements, gérer en toute autonomie les services support à la production tels que la qualité, la

1 Isaac Getz et Brian M. Carney, *Liberté & Cie : quand la liberté des salariés fait le succès des entreprises*, traduit de l'américain par Odile Demange, Flammarion, coll. « Clé des champs », 2016 (n^lle^ éd. augmentée).

2 Jean-Francois Zobrist, « La fonderie Favi, un leader mondial qui croit en l'homme », *Le Journal de l'École de Paris du management*, n° 101, mars 2013, p. 37-44.

maintenance, les approvisionnements, le planning, les régimes horaires, les plans de formation, les révisions salariales de son équipe, etc.

Un bureau d'études d'une trentaine de personnes répond aux appels d'offres et aux études particulières.

Les fonctions support centrales ont quasiment disparu : plus de service achat, plus de département méthode, plus de fonction ressources humaines. Le responsable financier assure le rôle de responsable des ressources humaines, le responsable de la paie gère la trésorerie, et le service administratif est réduit à une équipe de sept personnes (une standardiste et six comptables).

Comme se plaît à le souligner Jean-François Zobrist, « Les services support ne servent qu'à créer des contraintes pour justifier leur place. Ils rendent tout le monde malheureux. Ils constituent une plaie pour les entreprises.[3] » Il explique également que 84 % de ses salariés sont désormais des productifs directs, car dans l'entreprise ce sont les seuls à créer de la valeur ajoutée et du cash-flow.

Les résultats économiques de l'entreprise sont étonnants. Dans un marché très concurrentiel, avec des équipementiers mondialisés, Favi – qui détient 60 % du marché – a réussi à baisser ses prix de 3 % par an, n'a jamais enregistré un retard de livraison et délivre de façon régulière une rentabilité exceptionnelle (près de 15 %).

L'histoire de l'entreprise fascine par son modèle organisationnel : équipes autonomes et responsabilisées, suppression des contrôles et primat de la confiance, structures centrales et fonctions support réduites à la portion congrue.

Inspiré par le modèle Favi et par une entreprise hollandaise de soins à domicile, Buurtzorg, qui a transformé radicalement son organisation vers des équipes autonomes, responsabilisées et sans encadrement intermédiaire, Frédéric Laloux[4] dresse un constat tout aussi sévère sur les fonctions support. Il souligne qu'au cours des dernières décennies, elles ont proliféré surtout dans les grandes entreprises – notamment les fonctions ressources humaines, planning stratégique, juri-

....

3 Laure-Emmanuelle Husson, *Challenges*, 11 septembre 2013, https://www.challenges.fr/emploi/management/ces-jobs-inutiles-dont-les-entreprises-se-passeraient-bien_10592.

4 Frédéric Laloux, *Reinventing organizations : vers des communautés de travail inspirées*, traduit de l'américain par Philippe Blanchard, Diateino, 2015.

dique, finance, communication interne, management du risque, audit interne, relations avec les investisseurs, formation, relations publiques, environnement, ingénierie, contrôle de la qualité, gestion des connaissances. « La tendance naturelle des personnes qui occupent ces fonctions, poursuit Laloux, est de justifier leur rôle en imaginant, souvent avec les meilleures intentions du monde, des manières de "créer davantage de valeur", en édictant des règles et procédures, en consolidant une expertise, en trouvant de nombreux problèmes à résoudre. Au bout du compte, elles concentrent le pouvoir et la prise de décision loin de la base qui se sent dépossédée de tout pouvoir, réduite à suivre des règles qui n'ont souvent de sens qu'en théorie mais qui ne peuvent répondre à la complexité des situations concrètes qui se rencontrent sur le terrain[5]. »

La sociologue critique Marie-Anne Dujarier ne dit pas autre chose lorsqu'elle qualifie de « management désincarné » ces managers des fonctions support qui diffusent un management à distance au moyen de standards, de normes et de procédures. Elle révèle la fracture entre les managers et salariés de terrain au contact direct avec les clients d'une part, et les « planneurs » de l'autre, ces experts des fonctions centrales et les cabinets conseils dont le mandat serait de « mettre en œuvre » et d'animer des dispositifs de réduction continue des coûts ou de normalisation et de labellisation des produits[6].

Les critiques sont virulentes. La technostructure, pour reprendre l'appellation de Henry Mintzberg (voir *supra*, p. 104), serait pléthorique, improductive et destructrice de valeur.

On pourra bien évidemment objecter que les cas mis en avant sont spécifiques. Favi est une PME dirigée par un « leader éclairé », sans organisation syndicale, dont la taille et la structure familiale de son actionnariat autorisent plus de souplesse et de marges de manœuvre qu'un grand groupe international coté en bourse, contraint par ses processus, ses normes, son système d'information et son dialogue social. Quant à Buurtzorg, l'entreprise hollandaise dans le secteur des

....

5 *Ibid.*

6 Marie-Anne Dujarier, *Le Management désincarné : enquête sur les nouveaux cadres du travail*, La Découverte, coll. « Cahiers libres », 2015, p. 139.

soins à domicile mise en avant par Frédéric Laloux, c'est la culture professionnelle métier, marquée par une forte autonomie et un haut niveau de délégation, qui permettrait la responsabilisation, sans fonction support en contrôle permanent.

Il n'empêche que le rôle des fonctions support est de plus en plus contesté par les opérationnels et les directions générales. Parce qu'elles sont perçues comme des centres de coût, leur contribution à la création de valeur reste fortement questionnée.

Les limites d'une fonction support « *business partner* »

Face aux critiques des opérationnels sur leur rôle et aux pressions des directions générales sur leur légitimité et leur efficacité, les fonctions supports ont cherché à se repositionner. Le modèle d'une fonction support « *business partner* », pleinement consciente des enjeux économiques, au service des opérationnels et des directions générales, est devenu le nouveau credo dans les entreprises tant pour les fonctions finance, juridique, achat que ressources humaines.

Sous la dénomination de « *business partner* » sont associés, tant pour la finance, le juridique ou les ressources humaines, des enjeux très diversifiés comme la compréhension des enjeux business, la contribution à la stratégie, le soutien auprès des opérationnels, le contrôle (gardien des procédures, des pratiques, des standards). Selon le positionnement dans l'organisation en central ou local, le rôle, les contributions et les performances d'une fonction support *business partner* sont très divers et souvent contradictoires.

Pour mieux expliciter et illustrer cette diversité de rôle et de contribution d'une fonction support *business partner*, prenons l'exemple d'une grande entreprise qui a structuré l'organisation de sa fonction support ressources humaines en quatre pôles :

- un pôle « fonction centrale » ;
- un pôle « ressources humaines métier *front* », en proximité des managers opérationnels ;

- un pôle « communautés d'expertises » regroupant en réseau les professionnels ressources humaines par domaine ;
- un pôle « services partagés » mutualisant les activités administratives de gestion du personnel.

Les équipes des fonctions centrales sont censées porter l'excellence fonctionnelle au service du business. Leur rôle de *business partner* s'exprime sur plusieurs champs :

- Le premier est d'influer sur les choix stratégiques en identifiant et en pilotant les leviers de ressources humaines qui vont soutenir la réussite de la stratégie. Dans ce rôle de ressources humaines stratégiques, la fonction ressources humaines centrale est particulièrement attendue sur l'attraction et la fidélisation des talents, la préservation d'un dialogue social de qualité, et souvent sur la conception et le déploiement d'un programme de développement des compétences managériales.
- Le deuxième est d'animer une communauté d'expertise de professionnels, disséminés dans toutes les entités du groupe. Le temps est révolu où l'expertise était localisée exclusivement en central : en raison de l'internationalisation et de la décentralisation des compétences, l'expertise est désormais répartie.
- Le troisième est de contrôler, par délégation de la direction générale, que les politiques de ressources humaines sont mises en œuvre dans les différentes entités de façon conforme et alignées avec la stratégie de l'entreprise. Dans cette perspective, un système de *reporting* social et d'audit est mis en place.

Les ressources humaines *front* ou de proximité représentent la concrétisation opérationnelle du rôle de *business partner*. Situées au cœur des équipes, avec le plus fréquemment un lien hiérarchique direct avec le manager opérationnel et un lien fonctionnel avec le central, les ressources humaines *front* se doivent d'apporter aux managers soutien et conseil dans la gestion opérationnelle de leurs activités, que ce soient en termes de recrutement (trouver les bons candidats), de mobilité (faciliter l'évolution professionnelle et apporter les bonnes

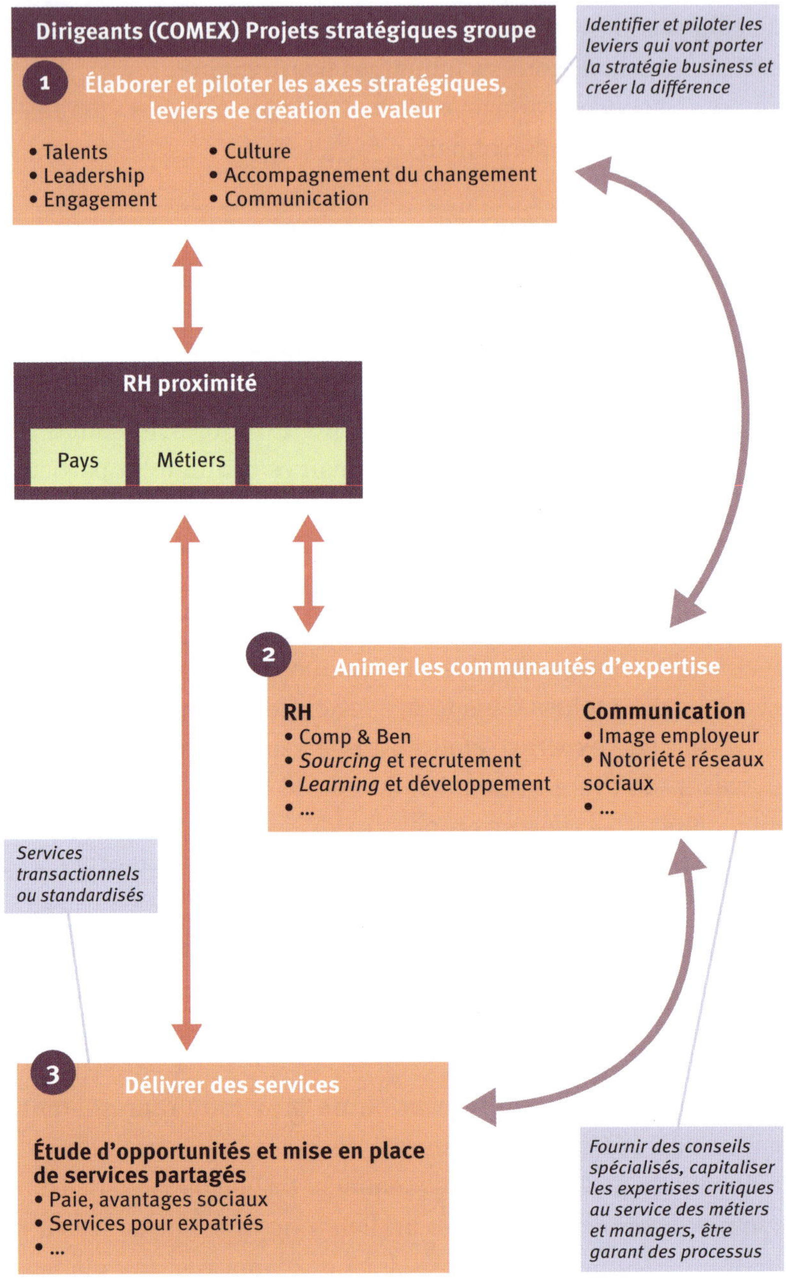

Source : carewan

Figure 14.1 Articulation des rôles et contributions d'une fonction ressources humaines *business partner* ressources), d'aide à l'élaboration du plan de formation ou d'animation du dialogue social.

On en oublierait presque le second rôle dévolu aux ressources humaines *front* ou de proximité qui est de déployer les politiques et les processus élaborés en central, et notamment le système de management de la performance, de gestion des talents, et les priorités du plan de formation. La création de valeur apportée par les ressources humaines sur ce second point est moins perçue par les managers opérationnels qui vivent les processus et les *reportings* imposés par le central comme des contraintes et une complexité supplémentaires.

La recherche d'efficacité par la mutualisation des activités transactionnelles est à l'origine de la création des centres de services partagés (CSP). Selon les entreprises, les périmètres des CSP sont variables mais rassemblent, pour un pays ou un métier donné, l'administration du personnel, la paie et la gestion de la formation. Certains assurent un rôle de centre de contact pour les collaborateurs et peuvent proposer des prestations ou solutions de ressources humaines à destination des opérationnels, comme des recrutements standard ou la réalisation de modules de formation. Pour les responsables de centres de services partagés en ressources humaines, qu'ils soient rattachés au siège ou à une société du pays, leur rôle de *business partner* est bien cadré et centré sur l'efficience opérationnelle. L'objectif est de délivrer des prestations de ressources humaines dans des coûts, délais et qualité compétitifs en prenant comme référence les indicateurs de performance des opérateurs référents du marché.

Les communautés d'expertise constituent une innovation dans la manière de penser l'élaboration des politiques et leur déploiement. Dans le modèle classique pyramidal et hiérarchique, l'expertise est concentrée en central au niveau des sièges, et les opérationnels sont tenus d'appliquer les procédures et de solliciter les experts pour les situations hors norme.

Le principe des communautés d'expertise a pour ambition de développer collectivement les pratiques, processus et outils pour mettre en œuvre la stratégie en s'appuyant sur les outils digitaux. Elles associent les opérationnels ressources humaines pour prendre en compte les besoins locaux et assurer un bon déploiement de l'expertise. La gouvernance reste pilotée par l'expert en central, mais dans une logique plus participative et moins du haut vers le bas (voir Figure 14.2).

Ce modèle organisationnel décrit pour la fonction ressources humaines se retrouve, en plus accentué, pour la fonction finance. Les fonctions centrales sont focalisées sur un rôle éminemment stratégique qui est de lever les capitaux nécessaires, allouer de façon optimale les ressources financières et piloter la rentabilité globale de l'entreprise en anticipant les dérives. Les équipes finance se doivent également de garantir la fiabilité des informations financières, le respect des normes et la maîtrise des risques[7].

À la différence de la fonction ressources humaines, l'organisation est plus centralisée. Les directeurs administratifs et financiers pays ou les contrôleurs de gestion des entités continuent dans beaucoup d'entreprises de se reporter hiérarchiquement à des *chief financial officers* (CFO) en central (siège ou groupe). Les services partagés se sont particulièrement développés pour la finance avec la délocalisation des unités dans des pays à bas salaires, dans une perspective de rationalisation des coûts et de standardisation des processus. La fonction finance est directement impliquée auprès des managers opérationnels dans un rôle de support, conseil et challenge mais aussi, et de façon très marquée pour certaines entreprises, en contrôle, respect des normes et pilotage financier.

Le modèle de la communauté d'expertise se diffuse également pour la fonction finance avec un poids des fonctions centrales encore plus déterminant que pour la fonction ressources humaines pour l'animation et la gouvernance des communautés.

Les fonctions support augmentées par le digital ?

La vague technologique constitue, pour les fonctions support, des opportunités pour renforcer leur efficience et un levier pour enrichir leur contribution par une orientation vers l'analyse des données et

7 *Du Daf gestionnaire au Daf visionnaire : les directeurs financiers face à leur transformation de leur métier*, CGI Business Consulting 2014.

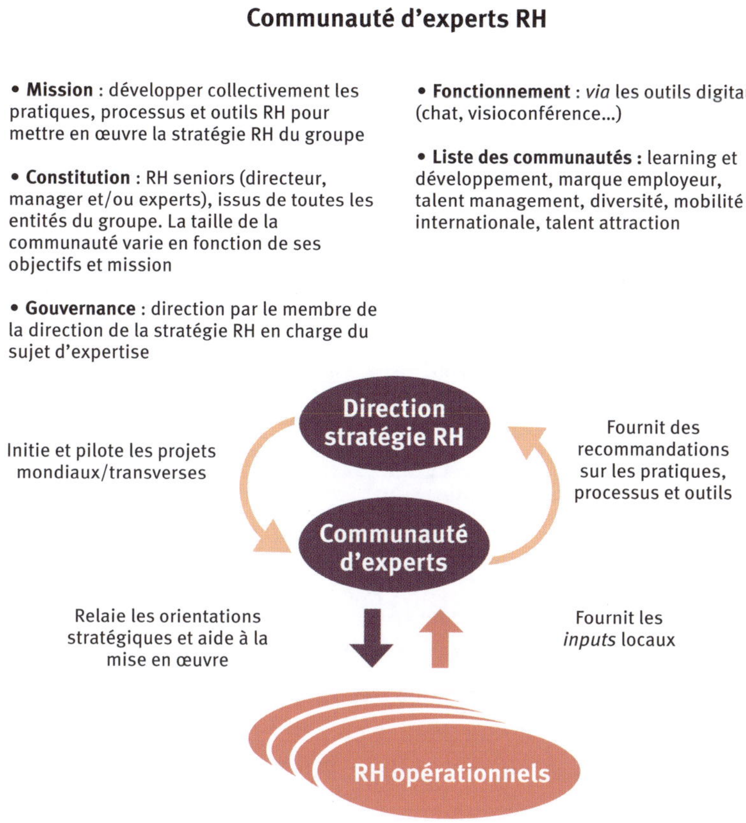

Figure 14.2 Animation des communautés d'experts ressources humaines

l'élaboration de modèles prédictifs au service des opérationnels. Par ailleurs, le digital permet la prise en compte d'une relation individuelle et différenciée tant avec les managers qu'avec l'ensemble des collaborateurs (voir la montée en puissance des projets d'expérience utilisateur ou collaborateur).

Pour la fonction finance, un livre blanc sur le CFO 4.0[8] décrit les impacts prévisionnels de l'implantation de l'intelligence artificielle,

8 BearingPoint, CDO Alliance et Fi+, *CFO 4.0 : CFO augmenté ou CFO ubérisé ?*, 2018.

de la blockchain ou des plateformes collaboratives et transactionnelles sur les différentes activités.

Les perspectives d'automatisation permises par la mise en place de solutions de robotisation et d'intelligence artificielle, capables de remplacer ou d'assister l'action manuelle sur des tâches standardisées et répétitives, sont impressionnantes. Les activités de comptabilité, d'administration et de gestion commerciale seraient tout particulièrement impactées avec un redéploiement attendu des métiers vers des rôles d'expert, de superviseur de processus automatisés.

La révolution digitale pour la finance, c'est aussi une révolution dans la manière de transformer les données en informations, à forte valeur ajoutée pour construire des modèles prédictifs ou analyser plus finement la performance. L'enjeu pour les équipes des fonctions finance en central ou en local est de réduire le temps consacré à la comptabilisation des données au profit de l'analyse et de l'orchestration d'informations qui contribueront à améliorer la performance.

Pour la fonction ressources humaines, l'intégration de la technologie aux systèmes et aux pratiques n'est pas une nouveauté. Rappelons qu'au cours des années 1980, la mise en place des systèmes d'information de gestion des ressources humaines (SIRH) a structuré les processus et l'organisation des départements ressources humaines, que le développement des technologies internet au début des années 2000 a bouleversé les pratiques de recrutement et de la formation, et que la mutation vers le cloud a permis ces dernières années plus de flexibilité et de facilité d'usage des applications ressources humaines pour les utilisateurs. Un des meilleurs spécialistes des technologies de ressources humaines, Josh Bersin, explique que le marché est en train de se réinventer sur plusieurs grands domaines :

- Les applications centrées management des talents s'étendent au management des individus, des groupes, des travailleurs indépendants.
- Les systèmes de management de la performance configurés précédemment par une approche très *top down* intègrent désormais les possibilités de suivi et d'évaluation en continu des personnes et des projets.
- Les études d'engagement des collaborateurs sont relayées par des enquêtes flash permettant d'écouter et de recueillir en temps réel

les retours et la satisfaction des personnes sur la compréhension de la stratégie de l'entreprise et le déploiement des projets de transformation.

- Une nouvelle génération de plateformes de formation (interfacées aux applications de *people management*) intègre les dernières technologies d'intelligence artificielle et de réalité augmentée.
- La montée en puissance de l'analytique, alimentée par l'exploitation massive des données, ouvre la voie à l'élaboration de modèles permettant, par exemple, de mieux comprendre les ressorts du turn-over, de la performance des équipes, de l'efficience du leadership...
- Enfin, *last but non least*, car c'est sans doute la réinvention la plus commentée, la mise en place de l'*expérience collaborateur* est facilitée par des applications et des relations plus personnalisées avec chacun des collaborateurs considérés désormais comme des clients, voire comme de véritables acteurs du développement (voir Figure 14.3). L'expérience collaborateur remet en perspective les pratiques de ressources humaines qui ne se limitent pas à des processus, mais concernent aussi des attentions portées aux personnes dans leur travail au quotidien et leurs perspectives de développement.

Les technologies de ressources humaines poussées par les entreprises de la Tech et les offreurs de service sont-elles de nature à réinventer la fonction, son positionnement et sa contribution à la création de valeur ?

La dynamique espérée d'une fonction ressources humaines considérée comme un *business partner* crédible et qui se renforcerait avec la transformation digitale est, à la différence de la fonction finance, loin d'être acquise. Trop de doutes, d'interrogations, de ressentis se cristallisent sur une fonction qui subit de plus, comme le souligne Michel Barabel[9], un dénigrement systématique (*HR bashing*) de la part des médias, voire dans nombre d'entreprises, du personnel lui-même.

....

9 Michel Barabel, « Pour une fonction RH légitime à l'ère de l'intelligence artificielle », HR Today, 24 septembre 2018, http://www.hrtoday.ch.

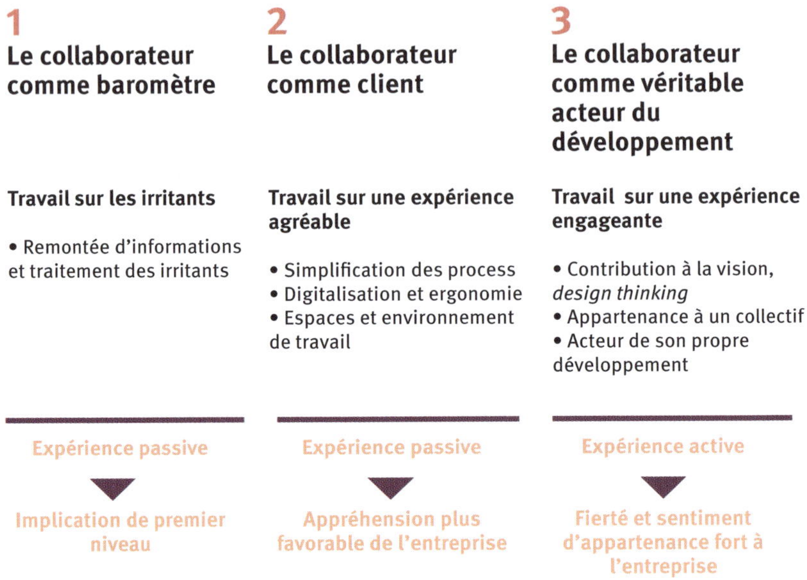

Figure 14.3 Les différents niveaux de l'expérience collaborateur

Source : carewan

De nouveaux outils, de nouvelles applications ou un vernis digital ne suffiront pas à lever les interrogations sur la raison d'être et le positionnement de la fonction ressources humaines. Les critiques sur les ressources humaines, fonction support archaïque et peu inventive ne répondant pas aux enjeux business et aux attentes et aspirations des salariés, restent extrêmement prégnantes chez les salariés, les managers et dans l'opinion. Le florilège ci-après, que l'on doit à Michel Barabel[10] – dont nous partageons la vision –, en est une vibrante illustration :

- La fonction ressources humaines s'est déshumanisée, elle n'est pas assez proche des salariés et de ses parties prenantes. Elle ne crée pas une culture managériale positive et des conditions de travail épanouissantes.

10 *Ibid.*

- La fonction ressources humaines est autocentrée sur elle-même, elle ne se préoccupe pas de l'expérience utilisateur de ses clients (« elle fait faire des choses que l'on déteste[11] »).
- La fonction ressources humaines se contente d'un rôle de gestion et d'exécution. Elle ne participe pas à la construction de la stratégie, n'incarne pas un contre-pouvoir (garant de l'équité, du respect de principes éthiques). Elle ne sert que les intérêts de la direction générale.
- La fonction ressources humaines est trop centrée sur ses rôles transactionnels historiques : paie, administration du personnel au détriment des vrais sujets (développement des compétences…).
- La fonction ressources humaines n'innove pas, ne prend pas de risques, ne crée pas de valeur, n'améliore pas la compétitivité de l'entreprise.
- La fonction ressources humaines n'a pas pris le tournant du monde digital (systèmes d'information, applications, méthodes de travail…) et reste archaïque dans son fonctionnement, son organisation et ses missions.
- La fonction ressources humaines ne sait pas protéger les collaborateurs des soubresauts d'un environnement devenu incertain, complexe et ambigu (absence d'anticipation des évolutions, faillite de la gestion prévisionnelle des compétences, réduction des effectifs, baisse de l'employabilité…). Elle ne joue pas suffisamment son rôle d'appui et de soutien.

Comme toute organisation ou institution, les fonctions qui ne se transforment pas dans un environnement en pleine mutation, et face à des attentes pressantes des parties prenantes, sont condamnées à disparaître. Les fonctions support, et en tout premier lieu la fonction ressources humaines, se trouvent aujourd'hui attaquées frontalement par les partisans de l'entreprise libérée et peinent à se justifier dans leur rôle de serviteur loyal et de partenaire des affaires. La vague technologique ne saurait être à elle seule la nouvelle frontière des professionnels des ressources humaines sans que les conditions d'une refondation de la fonction elle-même ne soient posées.

11 *Ibid.*

Les principes fondateurs d'une fonction support réinventée : illustration pour la fonction ressources humaines

Imaginons que des experts indépendants, des directeurs des ressources humaines d'entreprises de taille et de structure actionnariale diverses, des universitaires, se réunissent pendant quelques jours et publient à l'issue de leur rencontre un manifeste pour la fonction ressources humaines du 21e siècle. À l'instar du Manifeste agile publié au début des années 2000 par les développeurs et les experts des systèmes d'information, des principes forts seraient alors mis en avant pour poser les bases d'une fonction ressources humaines réinventée, créatrice de valeur humaine et relationnelle.

Prêtons-nous à l'exercice et tentons de définir quels pourraient être ces principes à même de générer une dynamique nouvelle de transformation pour la fonction.

Manifeste pour une fonction ressources humaines du 21e siècle

- Les ressources humaines sont le business, seules les personnes et les équipes créent la valeur.
- La fonction ressources humaines promeut l'entreprise en tant que communauté de personnes agissant ensemble au service du bien commun.
- Le RH est un architecte qui aide à assembler les capacités de l'écosystème. Il ne raisonne plus seulement « salariés » mais « ensemble des collaborateurs » (free-lances, prestataires...) pour mobiliser les ressources et les compétences.
- L'organisation de la fonction ressources humaines se structure en mode agile pour plus de réactivité et d'inclusion dans les équipes opérationnelles.
- Les professionnels des ressources humaines sont centrés sur le développement de la relation avec les personnes avant les processus et les outils.
- Les paramètres clés de la création de valeur humaine sont le niveau d'engagement et l'indice de confiance à l'égard du management.

Reprenons maintenant chacun de ces éléments.

Les ressources humaines sont le business, seules les personnes créent la valeur

«*HR is business.*» La formule est de Dave Ulrich. Dans une société de l'immatériel, ce sont les hommes et la qualité de leur interrelation qui créent de la valeur.

Dans cette perspective, les professionnels des ressources humaines ne sont pas là uniquement pour apporter aux managers opérationnels leur savoir-faire en matière de recrutement, de formation ou d'accompagnement au changement. Décréter que les systèmes et priorités des ressources humaines doivent seulement s'aligner sur la stratégie globale de l'entreprise relève d'une approche réductrice.

Les ressources humaines sont au cœur du business. La compétitivité d'une entreprise se joue avant tout sur sa capacité à attirer, développer et fidéliser tous les talents, et à engager l'ensemble de ses collaborateurs (salariés, indépendants, prestataires). Par ailleurs, la qualité du management est déterminante dans la performance. Il s'agit bien sûr du leadership éclairé des dirigeants qui proposent une vision, une raison d'être à la communauté d'hommes que constitue l'entreprise, mais aussi des compétences de l'ensemble des managers, dès lors enclins à porter la vision, promouvoir la coopération et surtout développer les compétences et l'employabilité des collaborateurs.

Les professionnels des ressources humaines ont un rôle stratégique majeur à jouer en portant haut et fort leurs convictions que le développement du capital humain est l'enjeu clé dans un environnement aussi turbulent et volatil. Pour ce faire, et pour reprendre l'idée séduisante de Ram Charan, Dominic Barbon et Dennis Carey[12], le directeur des ressources humaines doit convaincre le directeur général et le directeur administratif et financier de former un triumvirat, un G3 moins happé par l'opérationnel, qui sache régulièrement prendre le temps de réfléchir sur le cap, le mode de fonctionnement global des

12 «People Before Strategy : A New Role for the CHRO», *Havard Business Review*, juillet-août 2015.

organisations, le degré d'adhésion des hommes et des équipes, la capacité d'innovation, l'évolution nécessaire de la culture interne, etc.

La fonction ressources humaines promeut l'entreprise en tant que communauté de personnes agissant ensemble au service du bien commun

Comme Jacques Lecomte nous y invite dans son remarquable livre sur les entreprises humanistes, il est temps de changer radicalement de perspective : « L'entreprise est une communauté de personnes agissant ensemble au service du bien commun[13]. » Et le psychologue de préciser que l'expression « bien commun » implique :

- un travail qui ait du sens pour la personne qui l'accomplit, ainsi que des conditions de travail satisfaisantes ;
- des relations honnêtes avec les fournisseurs ;
- des produits ou des services de qualité pour le client ;
- un impact positif sur la société environnante (diminution du chômage et de la pauvreté, services rendus à la communauté) ;
- le respect de l'environnement, voire son amélioration.

Cette définition, précise Jacques Lecomte, ne serait pas l'apanage des entreprises dites humanistes mais concernerait en réalité toutes les entreprises. Ces propos peuvent paraître particulièrement audacieux. Ils acquièrent toutefois un indéniable poids lorsqu'on se rappelle la nécessaire prise en compte par les entreprises des défis sociaux et environnementaux et l'émergence d'une responsabilité sociétale en phase avec les attentes et les aspirations des générations des millennials (voir Chapitre 4). Dans cette perspective, la fonction ressources humaines doit se positionner comme champions de l'entreprise définie comme une communauté de personnes, agissant ensemble pour le bien commun. Ce positionnement serait de nature à aller contre la représentation d'une fonction ressources humaines déshumanisée, insuffisamment proche des salariés et de ses parties prenantes.

13 Jacques Lecomte, *Les Entreprises humanistes : comment elles vont changer le monde*, Les Arènes, 2016, p. 460.

Le professionnel des ressources humaines est un architecte qui aide à assembler les capacités de l'écosystème

À une époque où la dynamique de création de valeur dépasse les frontières de l'entreprise verticale et hiérarchique, obligeant à inventer de nouveaux modes de coopération et de coordination avec l'ensemble des acteurs de l'écosystème, le rôle des professionnels des ressources humaines change de dimension. Dave Ulrich parle d'un RH des parties prenantes (« *HR stakeholders* ») ou encore d'un rôle d'*architecte des capacités de l'écosystème* (« *building capabilities within the ecosytem* »)[14]. Derrière ces appellations se profilent des enjeux majeurs dont tout professionnel des ressources humaines doit tenir compte, comme la gestion inclusive des différentes formes de travail (salariés, indépendants, prestataires), la capacité à marier les compétences, les profils, les pratiques de ressources humaines dans des formes nouvelles de coopération (entreprise et start-up, équipes agiles mixtes interne-externe...). L'implication dans les territoires est également déterminante pour les professionnels des ressources humaines s'ils veulent attirer les talents dans un contexte de pénurie de main-d'œuvre qualifiée ou s'ils entendent incarner la responsabilité sociétale de l'entreprise en menant des actions concrètes et tangibles au niveau des bassins d'emploi où elle est implantée.

L'organisation de la fonction ressources humaines se structure en mode agile

L'organisation de la fonction ressources humaines reste structurée selon les lignes classiques de partage et de différenciation entre le stratégique et le transactionnel, le central et le local, la relation fonctionnelle et le hiérarchique, l'expertise et le *front*. Et si, à l'instar des équipes de développeurs et des experts des systèmes d'information, les ressources humaines s'organisaient elles aussi en mode agile ? L'agilité se marquerait dans les processus, les systèmes et les applications

14 Dave Ulrich, « HR Business Partner 2.0 », HRD Connect, 21 août 2018, https://www.hrdconnect.com.

RH, mais aussi dans le design des organisations de ressources humaines ? La fonction ressources humaines pourrait ainsi être immergée au cœur des équipes opérationnelles, sans enjeu de pouvoir ni de contrôle, affirmant un rôle stratégique à tous les niveaux de l'organisation et, pour certains projets ou programmes, un mode de fonctionnement en équipe autonome et responsabilisée.

Les professionnels des ressources humaines sont centrés sur le développement de la relation avec les personnes

Dans le référentiel de compétences des professionnels des ressources humaines doit figurer en très bonne place la capacité à construire des relations de confiance et à communiquer de façon authentique avec les parties prenantes externes et internes.

Plus précisément, les professionnels des ressources humaines devraient, avant les processus et les outils, s'attacher à écouter et prendre en compte les projets des personnes et développer des compétences interpersonnelles. Ils devraient s'efforcer de bâtir avec l'ensemble des acteurs des relations de qualité en intégrant les problématiques individuelles et organisationnelles. Le défi est de passer d'une approche ressources humaines trop gestionnaire à une approche *relations humaines* mettant la personne et les interrelations au centre.

Les paramètres clés de la création de valeur humaine sont le niveau d'engagement et l'indice de confiance à l'égard du management

Dans leur communication aux investisseurs, les dirigeants d'entreprise présentent, au-delà des ratios financiers, des indicateurs de développement du capital humain de l'entreprise. Le taux d'engagement des collaborateurs et l'indice de confiance à l'égard du management sont communiqués de façon régulière et font l'objet d'une animation auprès de l'ensemble de la ligne managériale. Les professionnels des ressources humaines disposent désormais d'une métrique partagée qui mobilise l'intérêt des comités de direction et des parties prenantes externes.

L'orientation client, le mode projet, le processus d'innovation et des fonctions support *business partner* ont incarné au cours des années 1990-2000, la modernité des configurations organisationnelles et des modes de fonctionnement.

Ceux qui ne voient dans la centricité client, l'agilité, l'innovation par les communautés et la réinvention des fonctions support qu'un effet de discours ou de mode managériale se trompent. On assiste à un basculement structurel avec des dynamiques organisationnelles et humaines qui vont transformer l'architecture globale et les manières de travailler au sein des entreprises.

Ce sont de nouvelles configurations d'entreprise, mieux adaptées aux enjeux de demain, que nous avons tenté de décrire dans la partie qui suit.

Partie IV

Vers un design organisationnel adapté aux enjeux de demain

« Conduisons nos entreprises autant avec le cœur qu'avec la tête, et n'oublions pas que si les ressources d'énergie de la Terre ont des limites, celles de l'homme sont infinies s'il se sent motivé. »
Antoine Riboud, *Discours de Marseille*, 1972

Nous avons souligné au début de cet ouvrage que nous vivions des moments intenses de mutations technologiques, économiques, sociales et sociétales qui vont profondément changer l'environnement et l'univers concurrentiel des entreprises. Rarement dans l'histoire s'est présentée une période aussi riche d'opportunités de changements dans la manière de produire, de travailler, de coopérer, de commercer.

Nous terminons cet ouvrage par une proposition d'esquisse de ce que pourrait être l'architecture de l'entreprise de demain à partir des dynamiques organisationnelles et humaines décrites dans les parties précédentes.

Notre ambition n'est pas de proposer un modèle organisationnel universel, « prêt à l'emploi ». Il s'agit plutôt de fournir aux managers, quel que soit leur positionnement dans la structure, une grille d'analyse et des clés d'action pour faire de l'organisation un levier déterminant de la performance et de l'épanouissement des personnes et des équipes.

Organizational design plus « qu'organisation libérée »

Lors de nos interventions en entreprise, nous empruntons fréquemment les cadres de référence de l'*Organizational design* (OD). L'OD est un courant de pensée porté par des académiques et des professionnels en majorité anglo-saxons, et qui s'intéresse principalement à l'architecture d'entreprise entendue comme « *la manière dont l'entreprise structure et coordonne ses collaborateurs et ses processus dans la perspective de maximiser sur le long terme sa capacité à se différencier, quels que soient les changements perpétuels de son environnement concurrentiel*[1]. »

....

1 David A. Nadler, Michael L.Tushman, *Competing by Design: The Power of Organizational Architecture*, Oxford University Press, 1997.

Comme tous les courants de pensée en management, l'OD rassemble de nombreux penseurs et professionnels qui ont chacun, en propre, développé un modèle ou proposé une nouvelle contribution dans le champ des théories de l'organisation. Parmi les auteurs les plus connus, on retrouve J. Galbraith[2], le modèle de Raymond Miles & Charles Snow ou encore celui de David Nadler & Michaël Tushman, auteurs qui ont marqué le début des années 2000 avec leur ouvrage fondateur *Competing by Design*. Notons que l'*Organizational development* se différencie d'un autre courant de pensée et d'approche aux mêmes initiales, l'*OD* qui est, lui, plus centré sur la dynamique du changement et les relations au sein des équipes. Un bon professionnel de l'organisation cumule les deux OD – les compétences en *organizational design* et en *organizational development* – pour concevoir, accompagner et ancrer les évolutions d'organisation(s).

D'un point de vue opérationnel, notre préférence dans le champ de l'OD va au Star Model™ de Jay R. Galbraith. En effet, son canevas permet de penser et d'élaborer les composantes clés d'une organisation alignées avec la stratégie de l'entreprise. Ce dernier point est absolument essentiel. La stratégie, les évolutions de l'environnement et des marchés doivent être les vecteurs de l'évolution des structures, des modes de fonctionnement et des styles de leadership. On ne change pas l'organisation au gré des nominations des responsables ou des joutes politiques internes.

La stratégie est donc la première composante du Star Model™ de Galbraith. Elle indique la direction et constitue l'élément de référence qui va orienter les choix sur les autres composantes du design : structure, reconnaissance, personnes.

La structure doit répondre aux questions fondamentales de la manière d'organiser les activités, du niveau de centralisation/décentralisation, des répartitions des rôles, des responsabilités et des pouvoirs de décisions.

Galbraith utilise la métaphore suivante : si la structure est comparable à un squelette, les processus doivent être pensés comme les éléments fonctionnels et physiologiques permettant de le faire fonctionner. Parmi ces processus de management, les processus transverses

2 Jay R. Galbraith, « The Future of Organization Design », *art. cit.*

revêtent une importance majeure, car ils permettent de faire fonctionner les organisations.

Les deux autres composantes, les personnes et le système de reconnaissance, recouvrent selon les interprétations un champ étroit ou une perspective plus large de la dimension humaine des organisations. Dans la vision plus restreinte, les personnes et le système de reconnaissance recoupent la politique de ressources humaines de l'entreprise et notamment les politiques de recrutement, de mobilité, de formation et de rémunération, qui doivent s'orienter prioritairement sur les talents dans la perspective de mettre en œuvre la stratégie et de répondre aux besoins de la structure. Dans une conception plus large, c'est la prise en compte du leadership, de la culture, des besoins en compétences et des leviers de l'engagement des collaborateurs qu'il faut intégrer comme composantes essentielles de l'organisation. Pour notre part, nous privilégierons dans les développements qui vont suivre cette approche large.

Dans la deuxième partie de cet ouvrage, nous nous sommes intéressés aux évolutions des structures centrales des grandes entreprises face aux mutations de l'environnement tout en décrivant également les nombreuses expérimentations conduites au niveau des entités, en particulier celles portées sur le développement de l'engagement des personnes ou de l'innovation managériale.

Dans la troisième partie, nous avons montré que, parmi les évolutions observées, certaines tendances combinant nouveaux designs organisationnels et prise en compte d'une dynamique humaine apparaissent particulièrement porteuses. Il en est ainsi de l'implication de tous pour la centricité client ou encore de la constitution d'équipes transversales autonomes, fonctionnant en mode agile et venant bouleverser les structures établies. Les questionnements sur les fonctions support montrent par ailleurs la nécessité de sortir d'une approche convenue et d'un modèle sous-jacent orienté *business partner* pour refonder un cadre où les fonctions support apporteraient une réelle contribution à la création de valeur. Quant à l'innovation, notre conviction est que l'évolution de la culture de l'entreprise est, en ce domaine, plus déterminante que les processus.

Forts de la filiation à l'école de l'*organizational design* et des dynamiques à l'œuvre observées dans les entreprises, notre ambition est, dans cette dernière partie, de pousser la réflexion jusqu'à faire des propositions sur ce qui pourrait constituer une approche renouvelée d'un design organisationnel adapté aux enjeux de demain.

À la différence des modèles en vogue comme l'holacratie, l'organisation opale (Fréderic Laloux) ou l'entreprise libérée[3], notre intention n'est pas de poser une nouvelle philosophie managériale, ni d'édicter des principes universels globaux, comme l'abandon de tout principe hiérarchique ou la liberté et la responsabilité d'entreprendre pour tous les collaborateurs. Dans ces modèles que nous qualifierons d'« organisation libérée », l'architecture globale de l'entreprise, les configurations de ses structures (comment, par exemple, on regroupe les activités au sein d'une entreprise ou d'une entité), les modes réels de coordination n'intéressent pas les auteurs si ce n'est l'affirmation de principes généraux comme l'abandon de toute hiérarchie pyramidale, la suppression des fonctions support ou encore le primat de l'autogouvernance. L'accent est mis principalement sur les motivations des personnes, le style de management et en particulier celui du leader, les interactions entre les individus et les collectifs. En ce sens les mouvements comme l'organisation opale, l'entreprise libérée ou l'holacratie s'assimilent plus à une révolution des modes de management qu'à une révolution des modèles organisationnels.

Notre réflexion ne préconise pas ce que devrait être le management de l'entreprise. Elle s'intéresse plutôt à ce qui reste à ce jour un angle mort de la littérature managériale et des préoccupations des dirigeants, qui a trait aux perspectives d'évolution des modèles organisationnels. L'angle d'attaque qui sera privilégié ici est une approche par les structures, les processus clés, les modes de coordination, les leviers d'engagement des hommes et des équipes et la culture, qui soit en phase avec les véritables enjeux de l'entreprise décrits précédemment : l'irruption d'une nouvelle vague technologique, les nouvelles formes de concurrence, les aspirations à travailler différemment et la montée de la responsabilité sociétale.

....

3 Isaac Getz, *L'Entreprise libérée*, *op. cit.* ; Frédéric Laloux, *Reinventing Organizations*, *op. cit.*

Une architecture de l'entreprise en quatre pôles

Nous posons comme principe une structuration en quatre pôles principaux d'activité comme la base d'une architecture organisationnelle renouvelée. Pour plus de clarté et dans un souci pédagogique, nous nous cantonnerons, dans un premier temps, à l'évocation d'une entreprise homogène mono-métier. La prise en compte d'une structure groupe multi-métiers et très internationalisée sera abordée, dans un second temps, par extrapolation du schéma initial.

Nous resterons au niveau du macro-design, à savoir les contours des entités de premier niveau, en décrivant les principaux rôles de ces entités, leurs modes de coordination et notamment les processus de pilotage. Les modalités opérationnelles détaillées de chacune des entités ne seront pas abordées. L'objectif est de poser un cadre de réflexion, de dessiner quelques options de l'organisation de demain en intégrant la dimension humaine et sociétale.

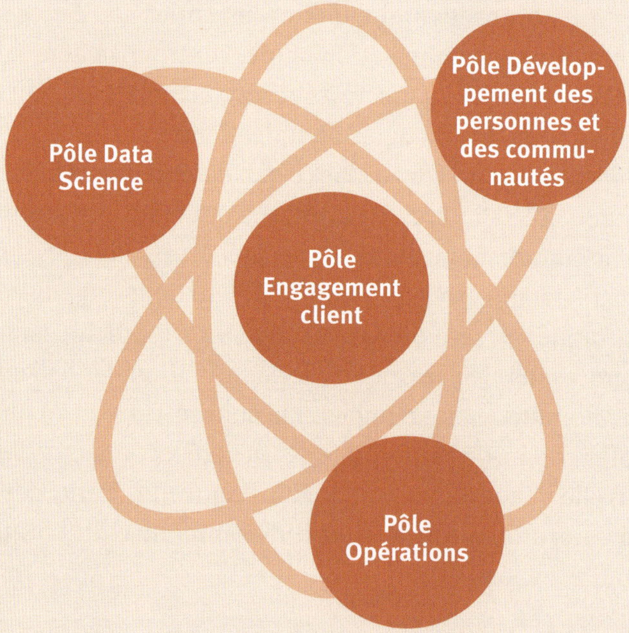

Figure IV.1 Vers une nouvelle architecture de l'entreprise structurée en quatre pôles

Dans cette nouvelle architecture :

- Le pôle Data Science est une entité à part entière de premier niveau (répondant à la direction générale), regroupant les activités de collecte, d'exploitation et de valorisation des données dans la perspective d'enrichir la stratégie, d'accompagner les métiers dans leurs modèles prédictifs et d'expérimenter les technologies de rupture (intelligence artificielle, réalité virtuelle, blockchain).
- Le pôle Développement des personnes et des communautés a pour ambition d'animer des éléments de sens (la raison d'être), de bâtir les éléments du contrat social auprès de tous les collaborateurs (salariés, *free-lances*, prestataires), d'influer pour une réelle diversité des talents et de promouvoir des mécanismes innovants d'apprentissage et de développement des compétences.
- Le pôle Engagement client rassemble les expertises et les compétences à même de concevoir le modèle du parcours client, de structurer l'écosystème et de renforcer la désirabilité des marques dans la perspective d'un enrichissement et d'un renouvellement en continu des produits et des services.
- Le pôle Opérations a pour vocation d'exécuter la stratégie et de conduire la transformation opérationnelle. Il regroupe d'une part la sphère des activités d'interfaces client, quel que soit le canal de distribution, et d'autre part la sphère productive et informationnelle, qui rassemble les activités de production, de fiabilisation des systèmes et de structuration des flux vers les clients. À ce titre, il pilote les modes opératoires et les processus ressources des unités du réseau physique, de la plateforme de produits et services et les entités *Supply chain*, Production, SI, *RH Tech* et Services financiers.

Dans cette configuration en quatre pôles sont posés les principes forts suivants de structuration de l'organisation :

- La structure fonctionnelle n'est plus un principe directeur de l'architecture de l'entreprise ; se substituent aux fonctions quatre pôles qui impulsent la stratégie et pilotent les activités. Les compétences et les expertises marketing, développement, systèmes d'information (SI), production, recherche et développement (R&D), ressources humaines (RH) et finance sont localisées au cœur des équipes, au sein des différents pôles.

- L'effort en matière de recherche, d'innovation et de développement technologique n'est pas centralisé mais réparti au sein des pôles. Le pôle Data Science anime la communauté des *data scientists* et des analystes. Les ressources partagées de recherche et de développement sont regroupées sous l'égide du pôle Opérations. Le pôle Engagement client fédère les innovations en matière de produits/services et les partenariats stratégiques.
- Un rôle de responsable finance est positionné en binôme avec le patron des opérations pour le pilotage des objectifs, des résultats et la maîtrise des risques. Les projets majeurs d'acquisition, de fusion ou de restructuration sont pilotés en mode projet *ad hoc* avec la direction générale.
- Le mode de fonctionnement en équipes transverses autogérées est privilégié pour toutes les activités qui le permettent, et notamment celles centrées sur l'engagement client, les projets pilotes ou l'expérimentation des technologies.
- Un pilotage par les processus opératoires reste la référence pour d'autres entités ou activités du pôle Data Science et de la sphère des opérations, peu compatibles avec une organisation par équipes autonomes et responsabilisées.
- Des rôles de coordination managériale des équipes sont positionnés au niveau de chacun des pôles ou en transverse au niveau global pour coordonner les compétences. Le rôle d'un manager centré sur le développement des compétences de ses équipiers et la recherche de sens en lien avec la raison d'être de l'entreprise demeure un principe fort du système managérial.
- La formalisation de la stratégie et des objectifs se construit à partir de la confrontation et de l'échange des équipes des différents pôles. Un processus transverse de pilotage stratégique est mis en place pour permettre le suivi des résultats et l'évolution des indicateurs.
- Une direction générale assure la coopération de ces quatre pôles sans structure fonctionnelle dédiée.

15

Le pôle Data Science

Trois raisons principales encouragent la création d'un pôle Data Science spécifique placé au plus haut niveau de la structure :

- La donnée représente un atout stratégique et crée un avantage compétitif. Cette affirmation n'est pas l'apanage des Gafa ; elle résonne de plus en plus dans la tête les dirigeants des grandes entreprises, ETI et PME qui, confrontés à un univers concurrentiel, cherchent à développer de nouveaux produits/services et à personnaliser leur relation client.
- La donnée constitue une ressource indispensable et précieuse pour l'expérimentation et la mise en place au sein des entreprises de technologies comme l'intelligence artificielle (IA), la blockchain, la réalité augmentée ou l'Internet des objets.
- L'exploitation de la donnée offre des potentialités de création de valeur en synergie avec les métiers par les approches renouvelées qu'elle permet, que ce soient pour la relation client ou l'optimisation/automatisation des processus.

Au-delà de ces raisons globales, comment structurer opérationnellement l'organisation d'un tel pôle ? Plus précisément, quelles en sont les missions principales ? Pour quels objectifs et résultats attendus ? Comment s'établissent les interfaces et les mécanismes de coordination/coopération entre le pôle Data Science et les autres pôles ?

Le responsable de pôle Data Science assure à la fois des missions de stratège, d'opérationnel et de gardien du temple. Il est l'architecte qui va bâtir l'infrastructure et les outils pour le recueil et la collecte des données en veillant aux bonnes règles de gouvernance et, en même temps, le stratège qui modélise, expérimente des technologies de rupture et des cas d'usage avec et pour les autres pôles.

Plus précisément, les missions du responsable du pôle se déclinent selon quatre axes principaux (voir Figure 15.1) :

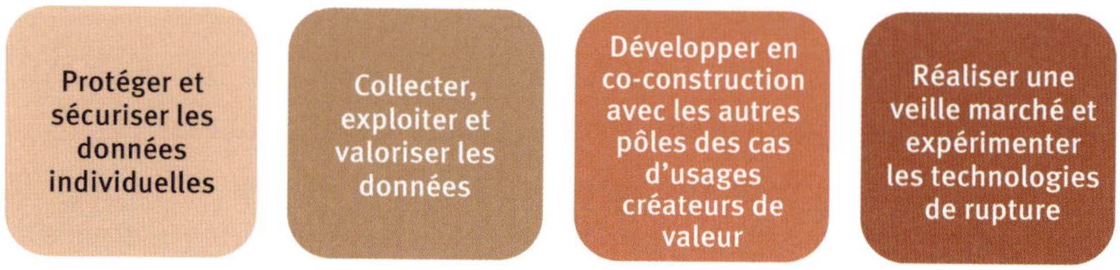

Figure 15.1 Les quatre missions du pôle Data Science

Mission 1 : collecter, exploiter, valoriser les données

L'implantation et la crédibilité du pôle passent par un premier prérequis, qui est d'assurer une collecte massive de données au niveau central de l'entreprise dans des formes et des modalités exploitables.

Ces données peuvent être de sources diverses sur les clients, le personnel, les *free-lances*, les actionnaires, les partenaires. Elles seront internes, externes, structurées ou non (données à l'état brut sans contrainte de mise en forme, issues des réseaux sociaux par exemple).

Tout le monde s'accorde pour reconnaître que la masse de données potentielles à exploiter est exponentielle et que les technologies disponibles pour les stocker et les traiter sont de plus en plus accessibles, à un coût décroissant. Il n'en demeure pas moins que le choix d'une infrastructure adaptée aux enjeux, à la volumétrie et aux contraintes budgétaires reste un choix stratégique majeur. Dans cette perspective, sous-traiter à un prestataire extérieur la structuration et l'exploitation de la base de données présente des inconvénients majeurs, parmi lesquels la dépendance à un tiers ou la moindre capacité d'appropriation par les acteurs de l'entreprise du caractère stratégique de cet actif clé que constitue la donnée.

Il appartient au responsable du pôle de bien définir cette infrastructure (*data lake* ou *data factory* venant compléter les *data warehouses*, existants) et les règles d'usage associées à la collecte des données.

Tout aussi importante est l'édiction de règles, de standards de bonne gouvernance pour la qualité, la fiabilité et la protection des données avec une répartition claire des rôles et responsabilités avec les autres pôles.

À titre d'exemple, voici quelques principes édictés par une entreprise comme Renault en termes de qualité, exploitation et gouvernance des données[1] :

- *Qualité* : toutes les données doivent être collectées dans un but, avec un maximum de qualité. Sur le CRM, cela s'est traduit par un travail de taxonomie pour faciliter l'analyse. Cette qualité se répercute sur la collecte de la donnée, son exploitation et sur des chantiers de rationalisation.
- *Analytique* : les sources possibles de données sont multiples mais pas forcément exploitables en l'état. Une fois remontées dans le *dataware*, Renault Digital s'est lancé le défi de pouvoir alimenter les métiers en *insights*, en intelligence.
- *Gouvernance* : pour fixer les règles autour de la data (à qui appartient la donnée, pourquoi est-elle collectée ? comment ? quels métiers doit-elle servir ?). Chez Renault, on a décidé de centraliser la gouvernance au sein du top management où elle est pilotée par l'entité Renault Digital en horizontal qui gère la data de A à Z.

Mission 2 : protéger et sécuriser les données individuelles

Les clients et le personnel sont de plus en plus attentifs à l'usage qui est fait de leurs données. Le règlement général de protection des données (RGPD) pose comme principe que les utilisateurs doivent consentir explicitement à l'usage qui est fait de leurs données personnelles. De fait, le RGPD considère la durée d'utilisation et de conser-

1 Electronic Business Group, *Chief data officer* 2018.

vation des données comme une donnée spécifique de consentement de la part des utilisateurs. La capacité à décrire les consentements nécessaires et acquis devient un besoin critique.

La mission du responsable du pôle couvrirait cet aspect réglementaire et de conformité en jouant un rôle majeur avec l'élaboration de lignes directrices, voire de charte éthique sur l'usage des données par l'entreprise. Là aussi, il appartient au responsable du pôle d'entretenir un climat de confiance indispensable au développement des bases de données et de pouvoir sécuriser les données, tant celles des clients que celles des autres parties prenantes.

Depuis l'obligation faite aux entreprises de toute taille de la mise en œuvre du RGPD, les retours sur les dispositifs et les bonnes pratiques sont légion. À titre d'exemple, on peut citer la charte mise en œuvre par la Société Générale qui formalise ses engagements (voir encadré).

La charte données du groupe Société Générale[a]

Le groupe Société Générale est un acteur majeur dans le secteur des services financiers avec plus de 31 millions de clients particuliers, professionnels, entreprises et institutions financières dans le monde. Depuis toujours, les métiers du groupe sont amenés à collecter, exploiter et stocker certaines données personnelles de leurs clients afin de proposer des services les plus adaptés à leurs besoins et d'améliorer continuellement leurs offres.
À l'ère de la révolution numérique, le volume de données disponibles ne fait que s'accroître et permet aux métiers du groupe de proposer des produits et services de plus en plus personnalisés et adaptés.
C'est pourquoi le groupe Société Générale, conscient de l'importance pour ses clients de conserver la maîtrise de leurs données personnelles, réaffirme son engagement d'être un acteur responsable dans le traitement des données. Le groupe partage dans ce document sa doctrine et ses principes clés en matière de protection et d'utilisation des données personnelles. Ces éléments seront également déclinés pour chacun des métiers et des géographies dans lesquels le groupe agit, en accord avec les réglementations locales.

« 1. Notre engagement à sécuriser et protéger les données personnelles de nos clients

En tant que groupe bancaire responsable, nous nous engageons à sécuriser et à protéger les données personnelles de nos clients contre toute tentative d'utilisation ou de divulgation non autorisée, ou non conforme à nos engagements en termes de protection des données.

La protection et l'exploitation responsable des données personnelles ont toujours fait partie des activités clés de nos différents métiers. Nous disposons d'une expertise robuste et d'une expérience riche qui font de notre groupe un acteur de confiance pour gérer les données personnelles de nos clients.

Nous avons développé et mis en œuvre des politiques, des processus et des outils permettant de sécuriser rigoureusement nos opérations et nos systèmes d'information.

2. Notre engagement à utiliser les données, de manière éthique et respectueuse de la vie privée, pour apporter le meilleur service à nos clients

Les données personnelles de nos clients sont importantes et précieuses. Nous nous engageons à en faire une utilisation éthique et responsable pour le service de nos clients. Nous nous engageons à ne collecter que les données nécessaires à l'exercice de nos activités. L'exploitation de ces données nous permet d'offrir des produits et des services bancaires de meilleure qualité, plus efficaces et plus en adéquation avec les attentes et les préférences de nos clients.

Nous nous engageons à ne pas partager les données personnelles de nos clients à l'extérieur du groupe Société Générale, à l'exception de nos obligations réglementaires.

Pour cela, nous responsabilisons et formons nos collaborateurs à la protection des données personnelles.

3. Notre engagement à garantir une information claire et transparente

Nous nous engageons à garantir à nos clients une information claire et régulière concernant l'utilisation de leurs données personnelles, à travers des modes de communication adaptés.

Pour cela, les conditions d'utilisation et les finalités de l'utilisation des données personnelles sont communiquées à nos clients, et nous recueillons leur accord, dans les conditions posées par la loi.

En outre, nous garantissons à nos clients un accès facilité à leurs données personnelles et nous nous engageons à les mettre à jour de façon régulière. Si elles ne le sont pas, ou contiennent des informations erronées, nous garantissons à nos clients la possibilité de les modifier. »

À retrouver sur le site de la Société Générale.

Mission 3 : Développer en co-construction avec les autres pôles des cas d'usage créateurs de valeur

Dans le livre blanc de l'EBG[2], les auteurs soulignent que la véritable création de valeur d'un *chief data officer* (CDO), une fois les fondations posées, se génère dans la co-construction avec les équipes des autres pôles de cas d'usage (*user case*) qui vont sur des domaines bien précis apporter soit des modèles prédictifs d'optimisation, soit des améliorations potentielles de processus.

Prenons deux exemples. Dans une compagnie d'assurances, les données collectées sur le client sont de plus en plus nourries. Au-delà des caractéristiques personnelles, des derniers contacts avec la société (contact en agence, *call center*, visite du site, participation au forum, *chat*…), la plateforme de données pourra également – si l'assuré a accepté le suivi – stocker les paramètres de sa conduite et d'usage de son véhicule au travers d'une application. Les interactions de ce même assuré avec les réseaux sociaux pourront aussi faire l'objet d'un croisement d'informations. Toutes ces données vont permettre de préparer des cas d'usage sur une segmentation fine de la clientèle avec l'opportunité d'un contact personnalisé, une perspective d'ajustement de son contrat d'assurance et de vente d'autres produits commercialisés par la compagnie.

Toujours dans le secteur de l'assurances, le cas d'usage peut se focaliser sur la détection de la fraude : comment mieux détecter la fraude grâce à des algorithmes, quelles actions mettre en place une fois la fraude suspectée, en faisant évoluer le cas échéant le processus

2 EBG, *op. cit.*

opérationnel couvrant la chaîne d'activité de la détection machine à la relation avec le client ayant fraudé.

Dans un autre domaine, le développement de modèles prédictifs en ressources humaines peut apporter des éléments de réponse nouveaux à des enjeux business d'importance. Dans l'exemple ci-après, les données capitalisées sur les talents ont permis d'établir des modèles prédictifs sur l'attraction, le repérage ou la fidélisation[3] (voir Figure 15.2) :

Figure 15.2 Le développement de modèles prédictifs en ressources humaines

Mission 4 : veille marché et expérimentation active sur les technologies de rupture

Le responsable du pôle étend sa mission à une veille et un apprentissage des technologies congruentes avec l'exploitation des données et notamment les développements en intelligence artificielle, blockchain, réalité virtuelle et Internet des objets.

Comme nous l'avons vu dans le chapitre 1, les technologies de rupture ouvrent des opportunités de développement à une automatisation accrue tant dans les activités de production que pour les services transactionnels : fiabilisation des prévisions de vente, optimisation de

3 Bersin, Deloitte, Consulting LLP, *High-Impact People Analytics Research*, 2017.

la *supply chain*, segmentation fine des clients avec une possibilité de relation personnalisée...

Si nous prenons l'exemple d'une banque multi-métier (détail, investissements, services spécialisés dont la gestion de flotte de véhicules, le champ d'expérimentation des technologies est vaste (voir Figure 15.3) : blockchain pour la finance de marché, réalité virtuelle pour l'inspection des voitures, biométrie pour l'identification client...

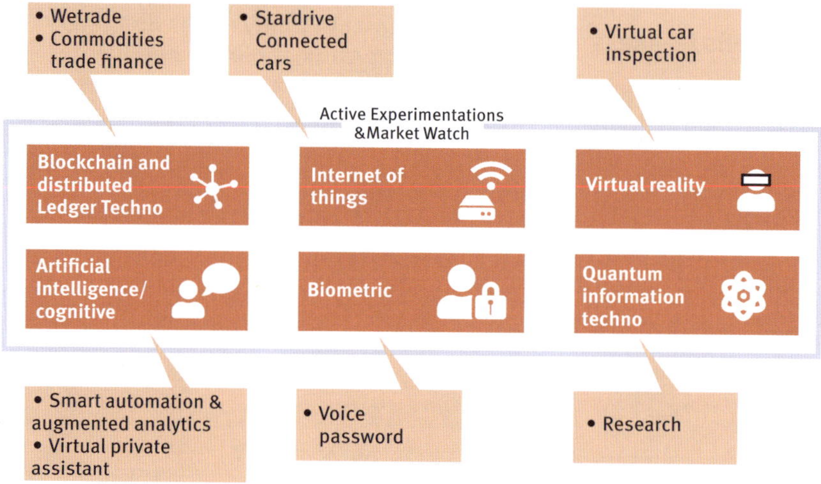

Source : SG Investor Day, novembre 2017

Figure 15.3 Expérimentations et veille marché : exemple du secteur bancaire

Pour stimuler la veille et mener des projets d'expérimentation, le rôle du responsable du pôle est de s'assurer de la co-construction avec les autres pôles en recherchant si besoin des partenaires : les start-up qui seraient à même de développer des expérimentations sur les métiers ou les lignes de service de l'entreprise.

L'expérimentation doit intégrer les dimensions technologique et humaine dans les choix d'organisation et l'anticipation des compétences. D'où l'importance dans ces projets de disposer en interne ou en apport de ressources, des compétences de designers, d'experts en design des organisations ou d'ergonomes pour enrichir la conduite des projets et ouvrir les options.

Le pôle n'a pas vocation à piloter ou contrôler la mise en place des technologies, c'est aux autres pôles d'assurer le relais en termes d'exploitation au-delà de la phase d'expérimentation.

Quelle coordination du pôle Data Science avec les autres entités ?

Le risque, en créant une nouvelle structure de premier niveau (rattachée directement à la direction générale) autour de la donnée est de reproduire une fonction centrale toute-puissante, très verticale et forte de sa mission supposée qui serait de faire de l'entreprise une entreprise pilotée par les données (une *data driven company*, rêve de tous les *chief data officers*).

Aussi une attention toute particulière doit-elle être accordée aux mécanismes de coordination et aux modes de fonctionnement pour éviter tout risque de dérive.

Pour le développement des cas d'usage et l'expérimentation des technologies, les modes de coordination doivent être axés sur la coopération et le co-développement. Rien ne peut se faire sans la coopération des métiers qui ne doivent pas être considérés comme des clients du pôle, mais bien comme des co-développeurs. Aussi le mode agile doit-il être privilégié dans la conduite des projets avec la désignation de référents en termes de partage d'expérience et de transferts de savoir-faire.

Pour l'élaboration de la plateforme de recueil de données et le développement des outils associés, le mode de coopération est moins participatif. Une autorité technique et fonctionnelle doit être préservée pour des raisons de cohérence et la forme de coopération est moins le co-développement qu'une logique plus classique de conduite de projet complexe associant étroitement les métiers pour les fonctionnalités attendues de la plateforme.

S'agissant de la protection des données, le besoin de coordination est un peu différent. Nous sommes dans le cas d'un rôle en central de coordination et de gardien des principes. Comme pour l'animation des chartes éthiques et de conduite des affaires, le défi est d'impliquer les métiers pour le respect des règles tout en gardant un rôle de gardien du temple et de contrôle pour prévenir les risques et éviter les dérives.

Pour clarifier les contributions, les rôles et responsabilités de chacun des pôles, un processus transverse « de la structuration à la valorisation des données » doit permettre de préciser les *inputs*, *outputs*, interdépendances sur chacune des grandes étapes (voir Figure 15.4).

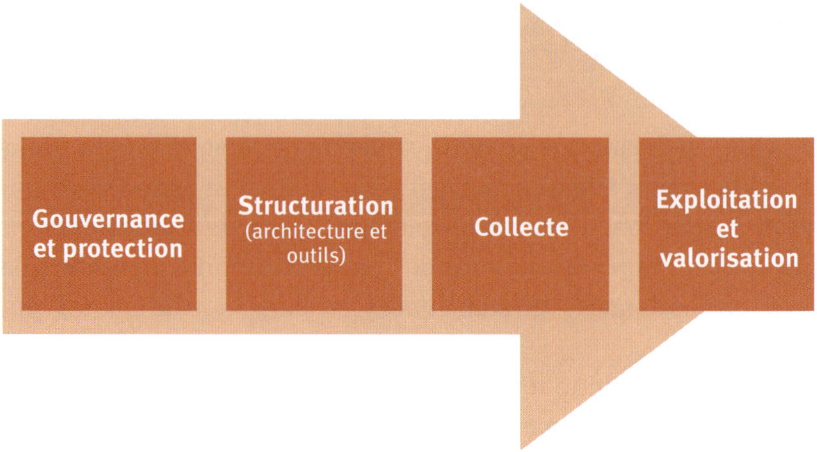

Figure 15.4 Le processus « StoV » : de la structuration à la valorisation de la data

16

Le pôle Développement des personnes et des communautés

« L'entreprise est une communauté de personnes agissant pour le bien commun. » La formulation de Jacques Lecomte[1] répond à la demande des populations et des États pour une meilleure prise en compte par les entreprises des défis sociaux et environnementaux. Elle préfigure la tendance à un « capitalisme responsable, partenarial et au service de la société »[2].

La communauté de travail ne s'arrête pas aux frontières de l'entreprise. Dans un marché du travail sous tension, les *free-lances*, les fournisseurs, les prestataires et la foule font partie des ressources de talents et de compétences indispensables à la croissance et à la construction d'une expérience client enrichie et innovante. L'ambition d'un modèle d'entreprise inclusive, ouverte sur ses partenaires et les territoires oblige en outre à tenir compte des attentes et aspirations de cette main-d'œuvre externe et de la traiter sans discrimination.

L'engagement des personnes et des équipes se nourrit de la raison d'être de l'entreprise si cette dernière est porteuse de sens. Elle devient alors un puissant levier pour développer le sentiment d'appartenance, attirer et fidéliser les talents et accélérer la performance collective.

Dans cette perspective, le modèle d'une fonction RH *business partner* et d'une fonction responsabilité sociale des entreprises (RSE) en charge de la communication et du pilotage de référentiels de responsabilité sociale n'est plus un modèle pertinent. Le pôle Développement

1 Jacques Lecomte, *Les Entreprises humanistes*, *op. cit.*

2 Geneviève Férone-Creuzet, « Les entreprises à mission prendront leur envol avec la loi Pacte », Forbes, n° 4, 2018.

des personnes et des communautés incarne ce changement de positionnement et de rôle :

- L'appropriation de la raison d'être de l'entreprise devient l'enjeu majeur pour engager les personnes et les équipes sur la vision et le sens.
- Les ressources humaines s'étendent au développement des personnes et des communautés de l'ensemble de l'écosystème de l'entreprise : *free-lances*, partenaires, prestataires.
- L'ère du pilotage en central des processus, des expertises et des systèmes d'information et autres applications RH est révolue. Le pôle Développement des personnes et des communautés transfère au pôle Opérations la gestion des processus opérationnels. Il se focalise sur le pilotage de trois domaines clés : le *learning development*, les talents et l'engagement des collaborateurs.

Le responsable du pôle se positionne en stratège. Il impulse avec les autres dirigeants une vision et des priorités d'actions pour inscrire au cœur de la réussite du modèle économique de l'entreprise la dimension humaine et sociétale. Il pilote et anime les indicateurs clés du capital humain et de la responsabilité sociétale : niveau d'engagement des collaborateurs, indice de confiance managériale, disponibilité des talents, certification...

Les missions du responsable du pôle s'orientent selon quatre axes majeurs (voir Figure 16.1) :

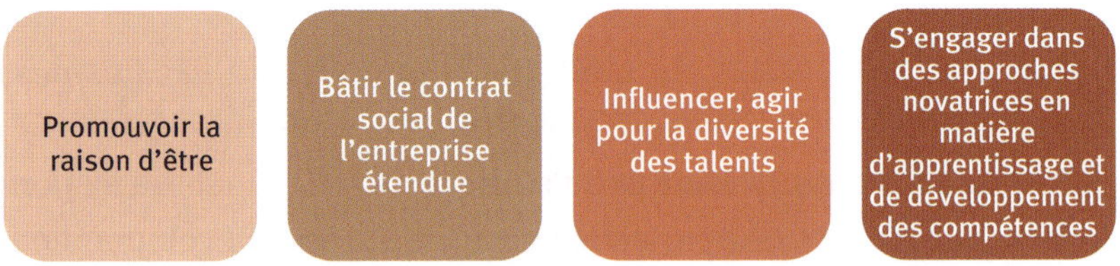

Figure 16.1 Les missions du pôle Développement des personnes et des communautés

Mission 1 : promouvoir la raison d'être de l'entreprise

L'élaboration et le déploiement de la finalité ou de la raison d'être (les deux termes seront employés indifféremment) sont un projet stratégique majeur, car ils visent à redéfinir la finalité de l'entreprise dans une perspective de contribution positive à la société ou, plus modestement, dans celle de satisfaire pleinement les clients. L'enjeu, à travers l'expression et l'appropriation de cette raison d'être, est de renforcer l'adhésion, l'engagement, la coopération des salariés et plus largement de toutes les parties prenantes.

Le défi est immense. Dans les périodes passées, les entreprises ont déjà cherché, sans grand succès, à formaliser leur projet d'entreprise ou à codifier leurs valeurs et les comportements attendus de leurs collaborateurs. Le projet d'entreprise et la charte des valeurs sont restés bien souvent au niveau des discours des dirigeants ou le produit d'une communication, mais sans inscription au cœur de la stratégie ni incarnation réelle par le management.

Il appartient au responsable du pôle d'être d'une part un contributeur clé à l'expression de la finalité de l'entreprise, et d'autre part le pilote pour la conception du dispositif qui va permettre de la déployer auprès de la ligne managériale et des collaborateurs internes et externes. Dans cette perspective, des fils doivent être tissés entre l'expression de la raison d'être et les multiples actions de mécénat développées par l'entreprise (fondation d'entreprise, projets solidaires, bénévolat, mécénat de compétences...) pour assurer une cohérence des actions et favoriser « l'engagement pluriel » des collaborateurs[3].

Il va de soi que seule une approche décentralisée au plus près des entités et des territoires permettra une réelle appropriation et donnera corps à ce projet collectif innovant que représente la raison d'être, productrice de sens.

....

3 « Engagement pluriel » désigne la manière dont les entreprises interviennent, de près ou de loin, dans les possibilités offertes aux salariés de s'engager autrement, ou ailleurs, que dans leur travail quotidien (voir l'étude de l'Observatoire de l'engagement *l'engagement pluriel*, Serge Perrot, Université Paris Dauphine, 2018).

Si l'on prend l'exemple d'un groupe comme Danone, la vision « One Planet.One Health »[4] se traduit par neuf objectifs de long terme (horizon 2030), reliés aux objectifs de développement durable des Nations unies.

Les trois premiers objectifs traduisent la raison d'être, entendue comme le métier de l'entreprise : redonner tout son plaisir à l'alimentation en innovant sans cesse, générer une croissance durable et rentable, être certifié B Corp.

Trois autres objectifs visent à soutenir le modèle de marque : développer des marques engagées à travers les convictions qu'elles portent au service de leur cause et des communautés qu'elles servent, préserver la planète et renouveler les ressources (engagement dans l'économie circulaire), voir Figure 16.2.

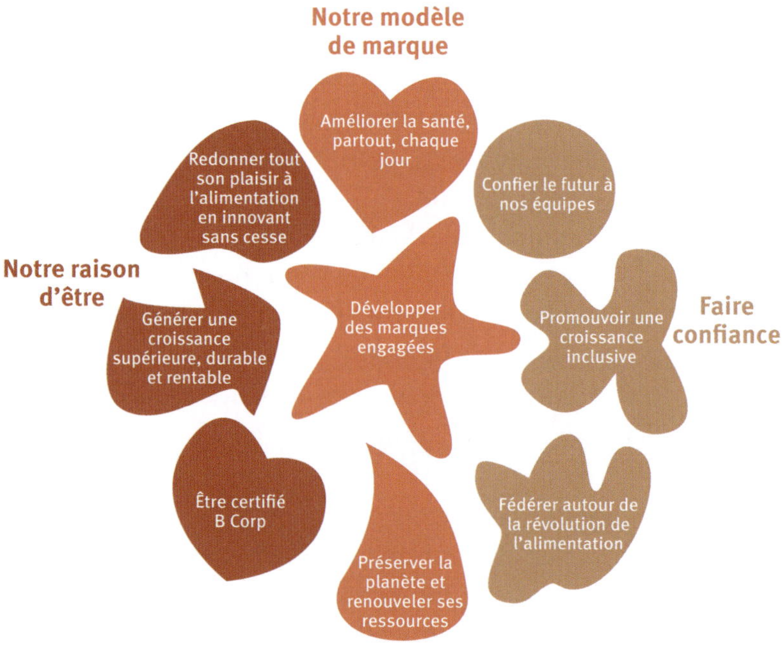

Figure 16.2 Le modèle de marque de Danone

4 « Une seule planète indivisible, une seule et même santé pour tous, celle des hommes, des sols, de l'eau », présentation d'Emmanuel Faber, AG des actionnaires, 26 avril 2018.

Les trois derniers objectifs sont centrés autour de la confiance que Danone entend développer avec ses parties prenantes :

- fédérer autour de la révolution de l'alimentation, en travaillant avec l'ensemble des salariés de Danone, les agriculteurs partenaires, les fournisseurs, les distributeurs, les clients et les partenaires mais aussi la société civile, les gouvernements et les professionnels de la santé ;
- promouvoir une croissance inclusive avec les acteurs les plus fragiles de la chaîne de valeur ;
- confier le futur à nos équipes : l'entreprise permettra à tous ses salariés de participer à la définition de l'agenda stratégique et des objectifs 2030 et attribuera à chacun des 100 000 employés une action.

Pendant plus de quarante ans, le double projet économique et social a été le fondement d'une politique de ressources humaines distinctive. Le modèle de marque de Danone qui s'inscrit dans l'actualisation de ce double projet devrait constituer pour la décennie à venir un puissant levier d'engagement des collaborateurs, d'attractivité des talents et de performance durable en phase avec les objectifs de développement durable des Nations unies. Dans cette perspective, la fonction ressources humaines au niveau central, local, des régions et des territoires a un rôle clé à jouer pour impulser, animer ce grand projet.

Mission 2 : Bâtir le contrat social de l'entreprise étendue

Le contrat social représente l'ambition qu'une entreprise se donne, au-delà de ses obligations contractuelles légales, en termes de relations et d'engagement avec ses collaborateurs (internes et externes). Il se formalise généralement sous deux versants :

- ce que l'entreprise attend de ses collaborateurs en termes d'adhésion, de contribution, de transversalité, d'implication ;
- comment, en retour, seront écoutées et prises en compte les attentes des collaborateurs en termes de développement professionnel, de reconnaissance.

À titre d'illustration, citons un exemple de contrat social formalisé à destination des collaborateurs internes, par une société de prestation intellectuelle opérant majoritairement en France (voir encadré).

Exemple de contrat social d'une entreprise de prestation intellectuelle non cotée

Une promesse de la marque entreprise

La mission, la signature, les valeurs de l'entreprise sont constitutives de notre promesse. Il faudrait y ajouter :

- des principes déontologiques, un code de conduite des affaires conforme à la profession complété par une éthique de pratiques qui peut nous amener à refuser des offres et des types d'intervention ;
- des engagements en matière de santé et de sécurité au travail.

Nous attendons de nos collaborateurs qu'ils prennent et portent cette marque entreprise, qu'ils en soient les ambassadeurs en interne et en externe. Pour eux, la contrepartie est d'appartenir à une entreprise singulière, centrée sur l'humain et présentant de réelles opportunités de développement en France et à l'international.

Des modalités innovantes de développement des personnes

Notre organisation et nos principes de développement sont construits autour de l'organisation apprenante.

- Le mode projet est accélérateur du développement des compétences.
- Les managers, les responsables des communautés facilitent le transfert des savoirs, du savoir-faire et accompagnent les plans individuels et collectifs de développement des collaborateurs.
- L'entreprise investit fortement en formation sous des modalités diverses.

Nous plaçons les collaborateurs au cœur de la dynamique d'innovation :

- allocation de ressources propres à l'expression de projets innovants proposés par les consultants ;
- facilitation des charges d'enseignement et des rôles de mentor, coachs internes ;

- opportunité de *learning expeditions* offerte à tous les collaborateurs par un mécanisme de co-investissement.

Nous sommes favorables à un mécénat de compétences qui devrait permettre aux collaborateurs de s'investir dans des associations ou d'autres activités sociétales.
Chacun peut prétendre à une évolution de ses rôles et responsabilités au sein de l'entreprise : évolution vers des rôles de chef de projet, manager, responsable de communautés, responsable d'offre ou associé.
En retour, le collaborateur développe son professionnalisme et son employabilité dans un contexte ouvert et pluriel.

Un système de reconnaissance et de retour

Notre modèle est la croissance rentable, seule capable d'assurer la pérennité de notre mission et de nos ambitions, et de financer notre contrat social.
Trois principes guident notre politique salariale :

- un salaire de base (fixe) qui rémunère une responsabilité, une maîtrise du métier en lien avec la convention collective ;
- une partie variable qui rémunère la performance individuelle et dont la part est fonction de la responsabilité ;
- des engagements explicites en matière de rémunération : se situer dans le deuxième quartile du marché et communiquer aux collaborateurs l'enquête salaire marché.

Nous croyons à **une philosophie de redistribution de la richesse collective** créée par un mécanisme d'intéressement et de participation négocié avec les représentants du personnel qui permette l'expression des choix individuels.
La somme consacrée à l'intéressement et à la participation sera affectée en fonction des choix personnels (fonds de retraite, investissement solidaire...)
En cible, nous visons une répartition de la richesse créée de 40/30/30 (40 % pour l'ensemble des salariés, 30 % d'impôts et taxes, 30 % pour les actionnaires et la politique financière de renforcement du fonds de roulement et des fonds propres de l'entreprise).
Nous sommes très attentifs à permettre de célébrer les événements, fêter les succès, rassembler les communautés et les collaborateurs et marquer les signes qui contribuent à la reconnaissance.

Il peut paraître difficile d'envisager un contrat social unique pour les collaborateurs internes et externes compte tenu des différences de statut juridique (contrat de travail salarié *vs* contrat de prestation commerciale). Pourtant, les grands principes qui fondent le contrat social sont applicables, sous des modalités différenciées, aux deux populations – que ce soient la promesse employeur, le développement des personnes ou encore le partage de la richesse.

Dans un contexte de mouvement incessant d'obsolescence des compétences en raison de la vague technologique et des évolutions organisationnelles impulsées par les entreprises, l'employabilité des personnes devient un des axes majeurs du contrat social avec ses déclinaisons en termes de politique de formation, de parcours de mobilité, d'accompagnement des personnes et de dispositifs permettant de mieux anticiper l'évolution des emplois et les besoins en compétences.

La négociation de l'employabilité et plus globalement du contrat social avec les représentants du personnel devrait constituer un élément fort du dialogue social. Dans les grandes entreprises, les éléments d'un contrat social cadre, fixant les principes et les éléments de méthode, peuvent être négociés en central. Un tel accord est destiné à être complété par des accords de contenus permettant au niveau local, d'adapter les modalités en fonction du contexte, de la législation et des préférences des deux parties (employeur, collaborateurs).

Le responsable du développement des personnes et des communautés a pour mission de bâtir et de négocier le contrat social cadre pour tous les collaborateurs et de coordonner son déploiement dans les différentes unités de l'entreprise.

Mission 3 : initier des approches novatrices en matière d'apprentissage et de développement des compétences

Dans un environnement turbulent et face à l'impérieuse nécessité pour les entreprises d'innover en transformant leur culture et leurs pratiques (voir Chapitre 13, « L'innovation : la culture et les communautés avant les processus »), la capacité à apprendre vite et à acquérir, pour les collaborateurs de nouvelles compétences deviennent des éléments clés de compétitivité et d'adaptation de l'entreprise à son environnement.

Comme le soulignent Jensen *et al.*[5], l'enjeu est de passer d'un modèle dominant d'innovation et de savoir – «*science, technology, and innovation* » (STI) – fondé sur la R&D et un «savoir codifié explicite» à un mode plus diffus, plus local de transmission des savoirs et des savoir-faire, privilégiant les situations de travail, mettant l'accent sur le développement des capacités cognitives et relationnelles, que les auteurs dénomment «*doing, using, and interacting*» (DUI). Le modèle DUI serait la caractéristique des organisations «apprenantes» au sein desquelles il faut pouvoir apprendre vite, encapsuler l'apprentissage dans les situations de travail et les systèmes d'information et de gestion tout en accompagnant personnellement les collaborateurs (coach, mentor, manager) dans leur montée en compétences.

Dans le cadre d'une organisation apprenante, le responsable du développement des personnes et des communautés a un rôle différent à jouer en matière de formation (ici *learning development*). Les temps ne sont plus à une centralisation des expertises et au pilotage des filières de formation métiers par une direction de la formation travaillant en concertation avec des directions fonctionnelles centrales.

La priorité aujourd'hui est de stimuler l'apprentissage individuel de tous les collaborateurs, de permettre une diffusion accélérée des savoirs et des savoir-faire en saisissant les opportunités de nouvelles technologies et applications en matière d'apprentissage. Cela passe par des actions ciblées, pilotées en central, et couvrant trois grands domaines :

- structuration de communautés professionnelles pour diffuser l'expertise, accélérer l'innovation et transférer les savoir-faire (voir l'exemple sur la communauté d'expertise RH p. 162, ou le modèle Spotify p. 115) ;
- mise en place d'outils numériques pour faciliter l'apprentissage individuel et le partage des savoirs (plateforme collaborative

5 Morten Berg Jensen, Björn Johnson, Edward Lorenz et Bengt-Åke Lundvall, «Forms of Knowledge and Modes of Innovation», *Research Policy*, vol. 36, n° 5, juin 2017, p. 680-693.

d'échanges ouverte à la main-d'œuvre externe, élaboration de Mooc avec partage de pratiques, *open classrooms*...) ;
- développement d'un socle de pratiques managériales à même de diffuser la culture, les valeurs et de développer l'engagement des collaborateurs. Ce dernier point est absolument central. L'apprentissage des personnes se fait en situation de travail avec et par le manager.

Ainsi, des entreprises comme le groupe L'Oréal ont initié des actions d'envergure, coordonnées en central, de montée en compétences de leurs collaborateurs pour accompagner la transformation digitale.

Le « digital upskilling plan » du groupe L'Oréal

Objectif : construire l'expertise digitale au plus près du terrain et l'intégrer au quotidien dans toutes les fonctions.
Plus de 15 000 collaborateurs formés au digital en 2017.
Des formats variés : à côté des sessions de formation classique, L'Oréal renforce son offre de modules en ligne dédiée au digital sur le portail interne MyLearning, accessible à tous les collaborateurs. Ce canal représentait, en 2016, 20 % des heures du « *digital upskilling plan* ».
Pour la fonction marketing, tous les salariés peuvent accéder à plus de 70 modules de *e-learning* pour développer leurs compétences sur les meilleures pratiques en marketing digital. Les équipes marketing, digital, communication et distribution se voient également proposer des ateliers sur le e-commerce, le marketing de précision et les médias sociaux.

Le pôle Développement des personnes et des communautés a une feuille de route nourrie en *learning development* qui va de la diffusion du modèle managérial et de la culture d'entreprise à la promotion de dispositifs innovants d'apprentissage. Le modèle d'université d'entreprise gérant en central tous les programmes de formation management, les écoles métiers et l'administration des plateformes de formation est obsolète. La régionalisation des campus, le transfert aux métiers des programmes de développement des compétences et des animations de communautés sont des tendances lourdes en phase avec les mouvements de décentralisation des structures centrales et le modèle de l'organisation apprenante.

Mission 4 : influencer et agir pour la diversité des talents

La pénurie de main-d'œuvre qualifiée est une contrainte forte dans tous les secteurs d'activité, voire un obstacle à la croissance des entreprises. Aussi l'axe stratégique majeur demeure-t-il d'attirer, de développer, et encore plus de sécuriser les talents, et est une priorité pour le responsable du développement des personnes et des communautés.

Les retours d'expérience de plus de vingt années de gestion des talents au sein des grandes entreprises nous enseignent quelques principes forts et pratiques vertueuses, intéressantes à mettre en perspective :

- Il est essentiel de laisser aux entités la responsabilité dans le développement de leurs ressources et de leurs talents. Un système trop centralisé génère de la complexité et des conflits d'arbitrage entre le central et le local sur les standards et les profils tant en matière de recrutement que de mobilité interne.
- La gestion directe des talents en central doit être limitée, ciblée et à fort impact, comme les stratégies d'acquisition de certains profils rares ou encore une gestion directe des comités de direction des *business units* (ce qui représente moins de 2 % des effectifs).
- Le feed-back et le co-développement avec les personnes elles-mêmes sur leur potentiel de développement et leur parcours doivent être des principes forts applicables dans toutes les unités du groupe et pour tous les collaborateurs.
- À l'heure des fonctionnements en mode agile, le management de la performance doit être réinventé avec, selon le contexte et la culture, des fixations d'objectifs souples, plus collectifs, et faire l'objet d'une évaluation en continu.

- Une rémunération équitable des talents ne peut se réaliser qu'à partir d'un système partagé de niveaux de positionnement des rôles et des fonctions assorti d'une plage de rémunération et d'avantages associés.

La diversité des talents devient par ailleurs un axe prioritaire suivi par le comité exécutif et les investisseurs. Des études récentes viennent confirmer une corrélation positive entre la diversité des talents et la propension à innover. Sur ce dernier point, la corrélation est la plus forte avec la nationalité d'origine, la variété des expériences sectorielles et la mixité hommes/femmes[6].

Le responsable du pôle impulse une politique globale talent diversifiée, comprenant des objectifs chiffrés en matière, par exemple, de proportion de femmes cadres supérieurs ou de managers de nationalités autres que le pays d'origine de la société accédant aux fonctions de dirigeants.

Quelle coordination du pôle Développement des personnes et des communautés avec les autres entités ?

Le pôle Développement des personnes et des communautés doit affirmer son positionnement statégique. Délesté de la partie opérationnelle et transactionnelle qui revient au pôle Opérations, sa contribution et son rôle au comité exécutif sont déterminants sur les enjeux humains du projet économique de l'entreprise : réussir le déploiement de la raison d'être, bâtir le contrat social de l'entreprise, générer les talents, accompagner la transformation vers une entreprise apprenante et faire évoluer la culture.

Pour réussir dans ce positionnement et ce rôle stratégique étendu, deux conditions sont nécessaires.

La première est de disposer, au sein du pôle Développement des personnes et des communautés, d'une équipe resserrée aux compétences et aux profils diversifiés (professionnels RH, experts des rela-

6 Voir *BCG Survey on diversity*, 2017.

tions sociales, du *learning development*, de la communication et du changement). Le mode de fonctionnement privilégié est le mode agile avec une responsabilité forte de l'équipe sur des indicateurs globaux (proportion de talents générés en interne, niveau d'engagement des salariés, d'indice de notoriété employeur sur les réseaux sociaux, etc.).

La seconde condition est d'entretenir avec les responsables développement des personnes au sein des métiers et l'équipe *HR Tech* du pôle Opérations une relation de confiance, d'influence mais aussi de pilotage global. Sans lien hiérarchique ni fonctionnel, la supervision n'est pas simple. Elle ne peut réussir que si des processus permettent d'animer les rôles, responsabilités et contributions de chacun et que les indicateurs RH ou de capital humain sont considérés à tous les niveaux de l'organisation avec la même attention que les indicateurs financiers.

Parmi les processus clés tranverses qui doivent être pilotés par le central celui de l'attraction, du développement et de la sécurisation des talents est incontournable.

S'agissant des relations avec les autres pôles, la coordination avec le pôle Data Science est très importante. L'utilisation des données personnelles des salariés et de la main-d'œuvre extérieure (*free-lances*, prestataires) est un sujet particulièrement sensible pour l'opinion et les organisations syndicales. En outre, l'élaboration des modèles prédictifs dans le champ ressources humaines offre des opportunités inédites de quantification et d'objectivation des pratiques RH. L'important sur ce point est de prioriser les projets les plus potentiellement créateurs de valeur. On pense bien évidemment aux modèles prédictifs sur les talents, mais d'autres domaines méritent une attention particulière, notamment celui de la sécurité (analyse et prédictions des accidents du travail) ou les facteurs explicatifs de l'absentéisme[7].

....

7 Sur ce dernier point on peut rappeler que selon une étude du Cabinet Ayming, le coût global de l'absentéisme au travail atteignait en France 60 milliards d'euros pour le secteur privé. Ses coûts directs (maintien du salaire de l'employé absent, coût de son remplacement temporaire éventuel...) atteindraient 45 milliards d'euros. Avec les coûts indirects (prévention, prévoyance, cotisations dédiées aux accidents du travail et aux maladies professionnelles), la facture grimperait à 60 milliards d'euros, voir Anne de Guigné, « L'absentéime coûte chaque année 60 milliards aux entreprises françaises », Le Figaro, 7 septembre 2016.

Au travers de l'exemple de Danone, on mesure l'importance et la nécessaire cohérence entre l'engagement auprès des parties prenantes et le modèle des marques engagées qui oblige à un alignement entre le pôle Développement des hommes et des communautés et le pôle Engagement client.

17

Le pôle Engagement client

Accédant librement à l'information, connecté en permanence, partageant ses expériences sur les réseaux sociaux, devenu exigeant, impatient, infidèle et imprévisible, le consommateur est passé d'une attitude passive à une attitude de « consom'acteur » (voir Chapitre 11, « Centricité client et implication collective »). De nouveaux acteurs ont également bousculé les positions établies des entreprises installées en jouant sur de puissants leviers :

- une proposition de valeur ajustée, en congruence avec les attentes et usages des consommateurs ;
- une connexion client directe, fluide et transparente (*vs* un marketing de masse impersonnel) ;
- une capacité à répondre rapidement aux nouveaux besoins.

Dans un tel contexte, l'enjeu majeur pour la majorité des entreprises est de parvenir à engager les consommateurs en renouvelant les modèles de marque et en faisant de l'expérience client un vecteur majeur d'acquisition et de fidélisation. Le pôle Engagement client doit précisément jouer ce rôle d'impulsion et de transformation. Il doit se structurer comme une plateforme stratégique d'orchestration de l'entreprise en s'alimentant en permanence de la donnée et en orientant les déploiements opérationnels du pôle Business. Ce rôle de chef d'orchestre, véritable pivot dans l'entreprise, pourrait s'articuler autour de quatre missions (voir Figure 17.1) :

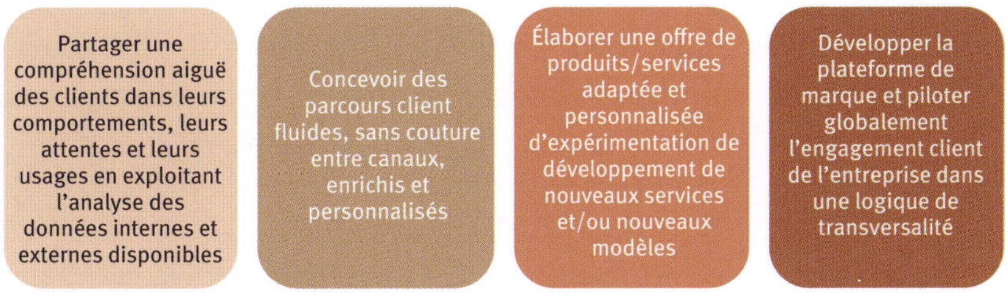

Figure 17.1 Les missions du pôle Engagement client

Mission 1 : partager une compréhension aiguë des clients dans leurs comportements, leurs attentes et leurs usages

Historiquement, les entreprises ont axé la majorité de leurs efforts sur la compréhension des structures et des dynamiques de marchés (évolution des besoins, analyse comparative de la concurrence, analyse des comportements des consommateurs ou des clients) pour enrichir leur stratégie marketing, identifier des pistes de croissance du business et cibler leur développement commercial.

L'élément nouveau est que les outils digitaux permettent une connaissance plus fine et plus approfondie des dynamiques de marché – concurrence directe/indirecte, canaux, clients… – et des comportements des consommateurs.

La masse des données potentiellement disponibles constitue un carburant de choix pour alimenter les moteurs de prédictibilité et les modèles de personnalisation des relations client.

Il appartient donc au responsable du pôle, en étroite coordination avec le pôle Data Science (en charge de collecter, structurer et mettre à disposition la donnée), d'analyser, de prioriser et d'exploiter ces volumes gigantesques[1] de données comprenant :

- les discussions en temps réel entre des personnes sur les forums ;
- les échanges sur les réseaux sociaux ;
- les données internes collectées au travers des différents points de contact avec l'entreprise ;
- les feed-back client, etc.

Les finalités de l'exploitation de ces données se jouent sur plusieurs dimensions :

- Prospective : les données doivent permettre à l'entreprise d'anticiper les tendances, d'être en capacité de jouer un coup d'avance, de pressentir les futures demandes clients pour proposer d'autres offres de services aux consommateurs.

1 « Nous créons aujourd'hui tous les deux jours autant d'informations que nous ne l'avons fait entre les débuts de la civilisation et le début du 21e siècle », selon l'étude IBM Global CEO Study, Tirer parti de la complexité, 2010.

- d'amélioration continue : elles doivent permettre de repérer, d'améliorer l'expérience client sur les différents points de contact de son parcours en repérant et détectant les points de friction.
- de ciblage : elles doivent permettre de mieux comprendre les usages client sur leur parcours pour mieux cibler et orienter le marketing digital dans son «*tracking*» en temps réel de ses cibles (*anytime*, *any device*, *anywhere*).

Des cas d'usage doivent être construits avec le pôle Data Science pour expliciter et élaborer des modèles prédictifs en matière :

- d'optimisation de portefeuille clients;
- de profilage des pépites clients;
- de mise en avant des différences entre clients magasin et clients Internet;
- de différenciation des clients mono-acheteurs et des multi-acheteurs;
- d'exploitation des paniers abandonnés sur un site Internet;
- de connaissance des comportements de navigation des internautes qui visitent un site;
- d'analyse des différences de comportement de navigation entre les clients et les prospects.

La donnée bouleverse à la fois les perspectives et les méthodologies de collecte d'exploitation des sources d'informations client. Le pôle Engagement client se doit de maîtriser ces nouvelles approches et de disposer des compétences nécessaires dans la perspective de renouveler les approches et de transférer le savoir-faire aux autres pôles.

Mission 2 : concevoir des parcours client fluides, sans couture entre canaux, enrichis et personnalisés

Hier le marketing poussait le produit vers le client et les fonctions commerciales poussaient ce dernier vers la caisse. Aujourd'hui le consommateur passe de façon indistincte d'un canal à un autre, multipliant les points de contact avec l'entreprise, en espérant trouver sur ces différents canaux une expérience identique ou tout du moins un niveau de service, d'accueil quasi identique. L'« urbanisme » du parcours client s'est complexifié de manière radicale.

La mission de concevoir des parcours client fluides s'entend donc comme celle d'un architecte en charge de construire une « urbanisation » cohérente permettant au client de naviguer dans l'univers de la marque de façon fluide et homogène.

L'architecte, c'est le maître d'ouvrage du/des parcours client dans une vision systémique du client, des différentes entités de l'entreprise et l'univers de la marque. Il doit :

- réaliser une veille et un benchmark des parcours remarquables des entreprises concurrentes ou d'autres secteurs ;
- identifier, avec les équipes d'interfaces client, les différents points de contact existant avec l'entreprise et leur importance relative dans l'expérience et le parcours ;
- concevoir (ou revoir) le service et la valeur créée à chacun des points de contact en facilitant les partages des différentes parties prenantes (interne et externe) ;
- définir les niveaux de service attendus sur chacun de ces points de contact et les modalités de mise en œuvre ;
- bâtir la feuille de route du déploiement.

C'est donc un rôle à la fois de facilitateur et de garant de la cohérence des prestations et de la qualité des services sur l'ensemble du parcours client. Les domaines d'intervention sont multiples et spécifiques, fonction du secteur et des stratégies des entreprises. Les fonctionnalités de la plateforme de distribution, le concept des points de vente physiques font partie intégrante des missions et responsabilités du responsable du pôle.

Si le pôle Engagement client est maître d'ouvrage, le pôle Opérations est maître d'œuvre sur le déploiement et la mise en œuvre.

Au-delà d'une modélisation stratégique du parcours client, le pôle Engagement client doit être le garant et l'impulseur d'une amélioration continue dont quelques exemples concrets sont décrits ci-dessous :

- éliminer les points de friction dans la transaction et les échanges. Par exemple, sur le site de OuiCar (site de location de voitures entre particuliers), le loueur et le particulier devaient lors de la prise en main échanger un certain nombre de papiers entrant dans la transaction (photocopie du permis de conduire, etc.). Pour faciliter les transactions, ces papiers sont désormais enregistrés sur le site et mis à disposition du loueur en cas de problème ;
- tendre vers le « sans-couture » par l'élaboration de lignes directrices pour les équipes du pôle Opérations :
  - les prix affichés sont homogènes sur les différents canaux ;
  - les éléments de communication marketing et publicitaires sont homogènes ;
  - la communication interpersonnelle est homogène du conseiller téléphonique au vendeur magasin ;
- enrichir les services : par exemple, visite en réalité virtuelle des tentes pour Decathlon ou simulateur pour les concessionnaires de voitures haut de gamme.

Mission 3 : élaborer une offre de produits/services adaptée et personnalisée

L'adaptation et l'élargissement de l'offre de produits/services est un des fondamentaux de la stratégie et des compétences marketing. L'histoire des entreprises est pleine de succès et d'échecs en matière de diversification et d'innovation. La matrice de McKinsey (voir Figure 17.2) croisant les axes marché, clients, produits fournit un cadre de référence pertinent pour décrire les enjeux des missions du responsable du pôle en ce domaine.

Sur l'horizon 1 de sa mission, le pôle travaille à l'optimisation et la rénovation des produits ou services existant sur des marchés connus de l'entreprise. Ce sont les produits ou services de base de l'entreprise qui génèrent les profits et flux de trésorerie qu'il faut maximiser. Le rôle du responsable est d'animer son équipe dans la rénovation des produits ou services dans une démarche nouvelle en plaçant le client au centre, comme co-concepteur, en respectant l'univers de la marque.

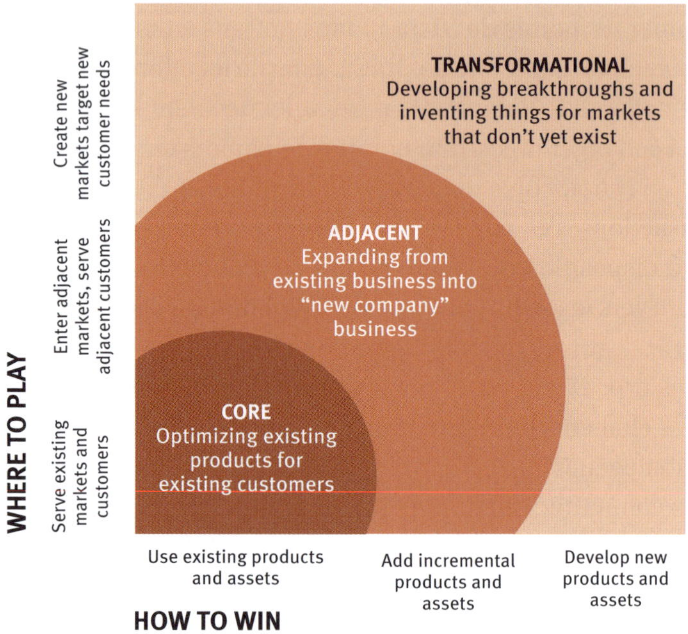

Source : The Three Horizons, McKinsey

Figure 17.2 Le schéma de développement de l'offre

Pour les horizons 2 et 3, les missions se concentrent sur le développement d'opportunités émergentes qui sont susceptibles de générer des profits durables dans un avenir proche. Ces nouveaux marchés nécessiteront sans doute la construction d'écosystèmes robustes permettant l'émergence et le déploiement de nouveaux business models pour l'entreprise. Pour l'horizon 3, le pôle met l'accent sur la créativité des idées disruptives. Ce sont des paris sur les tendances futures et les technologies émergentes.

Le responsable du pôle Engagement client pilote le développement et l'élargissement de l'offre en saisissant les opportunités des technologies et des leviers d'innovations que constituent les nouveaux usages, l'expérience client et les attentes sociales et environnementales des populations.

À titre d'illustration de cet élargissement, prenons trois exemples de secteurs très différents : Best Buy, Crédit Mutuel et New Balance.

Tableau 17.1 Trois exemples de développement d'offre

	Cœur de business	Nouveaux produits et services	Acteurs et compétences associés	Approches choisies
Best Buy	Vente de matériel électronique	• Maisons intelligentes • Rester connecté en permanence avec ses proches • Support renforcé total tech	• Co-développement avec des fournisseurs • Capitalisation de la base client • Communautés structurées d'expertise et de support • Crédibilité du professionnalisme des équipes	Lancement au Canada puis expérimentation sur dix villes américaines
Crédit Mutuel	Vente de produits de banque et assurances	• Offre téléphone • Télésurveillance • Expertise métiers immobiliers • Automobile (leasing…)	• Une base de 31 millions de clients • Conquérir une clientèle nouvelle • La banque au quotidien, interlocuteur privilégié pour répondre à ses clients à travers une stratégie multiservices : se loger, se déplacer, se protéger	Expérimentation puis lancement national
New Balance	Production et vente de chaussures de sport	• Personnalisation des chaussures	• Production localisée à 70 % au plus près des marchés pour permettre la personnalisation en production • Création de « Maker's corner » dans le *flagship store* de New York[a]	Lancement sur les marchés à production locale Expérimentation dans les magasins en propre

(a) Des vendeurs sont formés pour assembler en une heure, dans le magasin même, les chaussures désignées par le client.

Par ces exemples, on mesure l'importance des ressources et compétences clés que l'entreprise doit mobiliser, en interne ou en s'associant avec d'autres partenaires, pour l'élargissement de son offre.

Mission 4 : élaborer la plate-forme de marque

Comme nous l'avons vu avec l'exemple de Danone, l'élaboration de la plateforme de marque est une brique majeure du business model et il est de la responsabilité du patron du pôle Engagement client de conduire cette mission.

Développer la « croisade de marque » à l'ère du digital nécessite de changer de modèle opératoire. L'enjeu est de passer d'un modèle global structuré autour de la vision, la stratégie et de la promotion de la marque à une approche polymorphe centrée sur l'interaction de la marque avec les points de contact de l'expérience client, les communautés, la société. Dès lors, les priorités sont :

- acquérir une connaissance approfondie du marché étendu et de la structuration des écosystèmes – concurrents, canaux, catégories et clients – pour saisir des opportunités de business ;
- imaginer les actions avec impact sur les points de contact, traditionnels ou digitaux, pour créer des expériences mémorables et générer une préférence pour les marques ;
- élaborer les *guidelines*, des concepts de campagnes et d'activation marketing multicanaux ;
- identifier les influenceurs et les communautés pertinents permettant d'enrichir l'expérience consommateur et d'accroître la désirabilité pour les marques ;
- définir des indicateurs de performance permettant de piloter, gérer et ajuster la stratégie de marque et le modèle d'expérience client.

Dans cette mutation des missions et des activités du marketing, les rôles et les compétences évoluent. Ainsi, par exemple, la manière de travailler avec les médias et les agences publicitaires est différente. La tendance, comme l'illustre un groupe tel Pernod Ricard, est à la structuration de la donnée en interne, à l'achat en direct de la publicité et à l'élaboration en central d'un outil de mesure en temps réel des réseaux sociaux[2].

2 Alexandre Ricard, Antonia McCahon, « Connaissance client et communautés, le cocktail détonnant de Pernod Ricard », École de Paris du management, avril 2017.

Il appartient au pôle Engagement client de conduire cette transformation du marketing et de veiller à la présence des compétences marketing au sein des équipes transverses en charge de l'évolution de l'expérience client ou de l'enrichissement de l'offre de produits et services.

Quelle coordination du pôle Engagement client avec les autres entités ?

Le pôle Engagement client est le pôle « orchestre » au carrefour du marketing, du développement commercial, de l'innovation.

En lien avec le pôle Data Science, il est l'architecte qui permet la structuration des données et leur analyse en vue d'une compréhension fine des comportements et usages des consommateurs. La capacité à maîtriser la donnée, c'est-à-dire à transformer les *insights* consommateur en engagements client, passe par une compréhension fine des technologies associées au Big Data. Dans la même veine, ce pôle devra s'immerger dans les technologies (IA, Internet des objets, réalité virtuelle ou augmentée...) pour potentiellement les intégrer dans une offre de service du parcours client.

En lien avec le pôle Développement des personnes et des communautés, il diffuse la culture de centricité client et son appropriation dans toute l'entreprise.

En lien avec le pôle Opérations et nommément les « Interfaces client », il « urbanise » le parcours client dans une recherche de fluidité. Il fixe également les règles d'allocation des ressources.

Sur ces deux derniers points, il ne s'agit pas « simplement » de prescrire aux autres pôles le « quoi » et de leur laisser le « comment ». Ce pôle sera aussi attendu sur sa capacité à entraîner et stimuler les transformations culturelles de l'entreprise. De fait, au-delà d'un panel très étendu de compétences qu'il faudra rassembler dans ce pôle, ce sont surtout des capacités relationnelles, d'animation et de facilitation qu'il faudra déployer pour réussir ce pari de faire travailler ensemble pratiquement tous les métiers de l'entreprise autour du client.

18

Le pôle Opérations

En regroupant toutes les activités qui concourent à l'exécution de la stratégie et à la transformation opérationnelle, le pôle Opérations revêt une importance toute particulière.

Sa mission est multidimensionnelle : se focaliser en permanence sur la performance opérationnelle, déployer l'expérience client, développer l'engagement des collaborateurs et délivrer les résultats financiers.

Pour réussir dans cette mission étendue, le responsable du pôle Opérations supervise en direct six entités, autonomes et pleinement responsabilisées (voir Figure 18.1) :

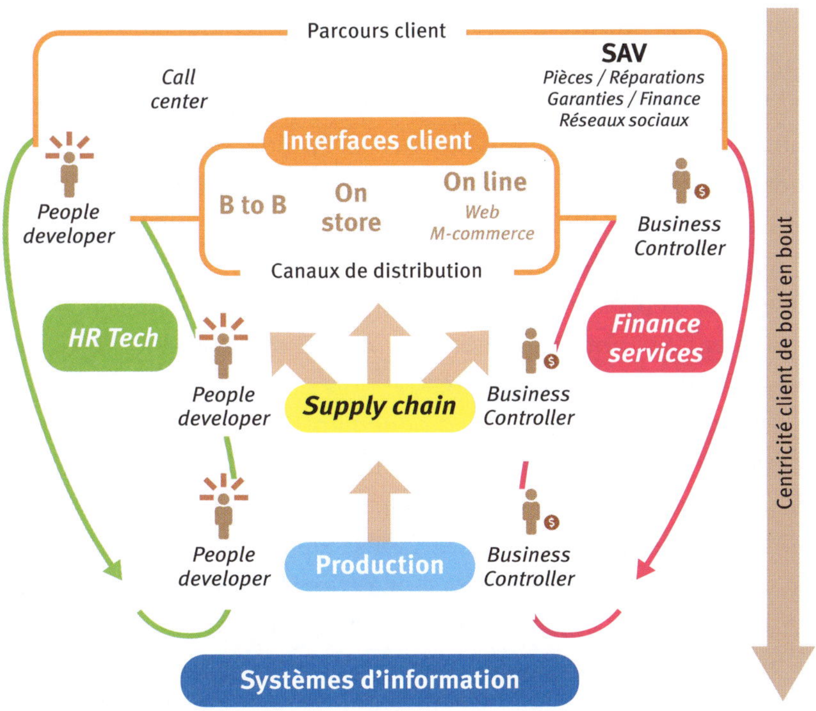

Figure 18.1 Le pôle Opérations

L'entité « Interfaces client » rassemble l'ensemble des activités opérationnelles et des compétences concourant au déploiement de l'expérience client, à savoir :

- les canaux de distribution : magasins réseau physique, e-commerce, distributeurs, nouveaux services ;
- le département service client et après-vente ;
- les compétences marketing et de relation client (fidélisation, acquisition).

Animé par un patron unique, le mode d'organisation privilégie le mode agile pour le développement du e-commerce et l'implémentation de l'expérience client (équipes autonomes aux compétences diversifiées). Il reste plus classiquement structuré par processus et sous un mode hiérarchique pour le réseau physique et le service client.

L'entité « *Supply chain* » regroupe le pilotage des activités logistiques (en propre et les prestataires) et l'optimisation des flux matières avec la production sur un mode d'organisation orienté réactivité, performance et satisfaction client.

L'entité « *Production* » rassemble les unités de fabrication disposant d'une grande autonomie et organisées en îlots responsabilités. Elle pilote la recherche permanente de flexibilité, l'amélioration continue et la transition vers l'usine 4.0.

L'entité « Systèmes d'information » regroupe à la fois l'architecture (développement des plateformes et structuration des données), le développement des applications et la cybersécurité. Elle est structurée majoritairement en mode agile.

L'entité « Finance » a un positionnement particulier au sein du pôle Opérations. Elle est structurée sur le modèle fonctionnel classique avec un *chief financial officer* (CFO) et le patron des opérations pilotant en binôme avec le directeur des opérations l'atteinte des objectifs, la dynamique de création de valeur et la maîtrise des risques potentiels. La fonction finance s'organise autour de deux rôles différenciés :

- un rôle de *business controller* au plus près des entités ou des métiers, accompagnant et challengeant le patron opérationnel sur l'atteinte des objectifs, la profitabilité et la mise en œuvre des actions correctrices ;

- un rôle de prestataires de services et d'apport d'expertises (*finance services*) regroupant les activités transactionnelles (comptabilité, *credit management*), le contrôle interne et la gestion des risques.

Pour *l'entité « ressources humaines »*, l'organisation s'articule autour de trois rôles. Un rôle en central de développement des hommes et des communautés qui se concentre sur le déploiement de la raison d'être de l'entreprise, l'élaboration du contrat social et le pilotage d'une gestion diversifiée des talents. Il transfère au pôle Opérations le modèle opérationnel RH qui évolue vers deux rôles différenciés : un rôle de développement des personnes et un rôle de prestation de services, d'outils et de technologies RH (*HR Tech*).

Les responsables Développement des personnes sont en proximité avec les managers et les collaborateurs des entités et se focalisent sur trois contributions majeures :

- talents et ressources : le bon profil, la bonne compétence au bon moment en anticipant les besoins, en prenant en compte les aspirations des personnes, en innovant dans les parcours professionnels ;
- engagement : susciter l'adhésion et l'implication des collaborateurs vis-à-vis des clients et du projet d'entreprise, animer des plans d'action avec le management pour développer des environnements de travail stimulants et la fierté d'appartenance ;
- accompagnement des évolutions des organisations et conduite du changement : être acteur en amont des projets d'organisation, ouvrir les options, apporter des éléments externes de référence, accompagner les hommes et les équipes dans le changement.

Pour ce faire, le responsable du développement des personnes s'appuie sur une entité, *HR Tech*, dont la mission est d'apporter des services, des expertises et d'accélérer l'usage des technologies dans le champ des ressources humaines. Plus précisément, le *HR Tech* apporte :

- des prestations « *best in class* » en matière de paie et d'administration du personnel conciliant flexibilité et optimisation des coûts ;
- des services RH sur mesure pour le recrutement (*sourcing* et présélection), la formation et la mobilité des personnes ;

- du savoir-faire et de la compétence pour expérimenter et déployer des nouvelles technologies, des bouquets innovant de services pour les managers et collaborateurs (expérience collaborateurs, réalité augmentée...) ;
- des indicateurs de pilotage pour la performance et l'efficience de la gestion des processus et des ressources.

Pour s'assurer d'une étroite coopération entre le pôle Développement des personnes, en relation hiérarchique avec les responsables d'unités, et les activités de *HR Tech*, le responsable de l'entité *HR Tech* assure un rôle d'animation globale de la communauté des professionnels du développement des personnes en interface avec le responsable du pôle en central de Développement des personnes et des communautés.

Pour donner quelques repères plus précis sur les enjeux, les modes de travail et les interactions propres à chacune des entités du pôle Opérations, nous les avons synthétisées dans des fiches ci-après.

Interfaces client

Les enjeux : parcours sans couture, acquisition/fidélisation des clients, productivité des canaux de distribution, activation de la désirabilité de la marque.

Rôles

Déployer l'expérience client sur la base d'un parcours client modélisé par le pôle Engagement client :

- Atteindre (par amélioration continue) les standards de niveau de service attendus (définis par le pôle Engagement client).
- Assurer la continuité des parcours sur les différents canaux d'interfaces avec les clients.
- Homogénéiser et décliner l'expérience client sur les différents canaux et points de contact dans le respect de l'univers de marque défini par le pôle Engagement client.

Structurer des canaux cibles de distribution et piloter le développement des activités

- Booster l'activité du e-commerce avec une équipe et une structure *ad hoc* (ressources et compétences associées) par l'activation et la fidélisation des clients.
- Rénover et optimiser le réseau de magasins (service omnicanal, excellence *retail*, nouveaux concepts) sur la base prescriptive du pôle Engagement client.
- Accélérer la mise sur le marché des produits/services.

Acquérir/fidéliser des clients par un suivi longitudinal cross-canal.
Structurer un marketing digital, congruent avec l'univers de la marque et le business model global de l'entreprise :

- Mise en place des activations et des expériences émotionnelles : campagnes promotionnelles, événementielles, multimédia, médias sociaux...

Produire du contenu sur les produits/services et la marque pour les réseaux sociaux et les influenceurs :
Enrichir la proposition de valeur de service par le support vente et le SAV

- Automatisation des services (IA et chabot).
- Expérimentation de nouvelles approches dans une optique de consolidation de l'expérience client et de développement de nouveaux services.

« *Test and learn* » sur les nouveaux produits et services avec les partenaires

Modes de travail privilégiés et compétences associées

- Une unité de commandement homogène (unique) pour le management de l'ensemble de la sphère interfaces client.
- Des équipes transverses en mode agile pour l'initialisation du déploiement de l'expérience client (avec le pôle Engagement client, SI, *supply chain* et production).
- Des forces de vente structurées et organisées autour de référents en management et en expertises.
- Une structure cross-fonctionnelle et commando pour accélérer le e-commerce (renouvellement des approches client à partir du digital).
- Acculturation et déploiement du digital sur des réseaux physiques pour faire converger l'ensemble des collaborateurs.
- Montée en compétences des assistances client : conseil et autonomie dans la prise de décision.
- Une coopération étroite avec le pôle Data science pour développer des cas d'usage et structurer les données.
- Interactions et coopération avec la *supply chain* et la production sur la base d'un pilotage de la performance de la satisfaction client.
- Un *business controller* au cœur des équipes accompagnant et challengeant les opérationnels.

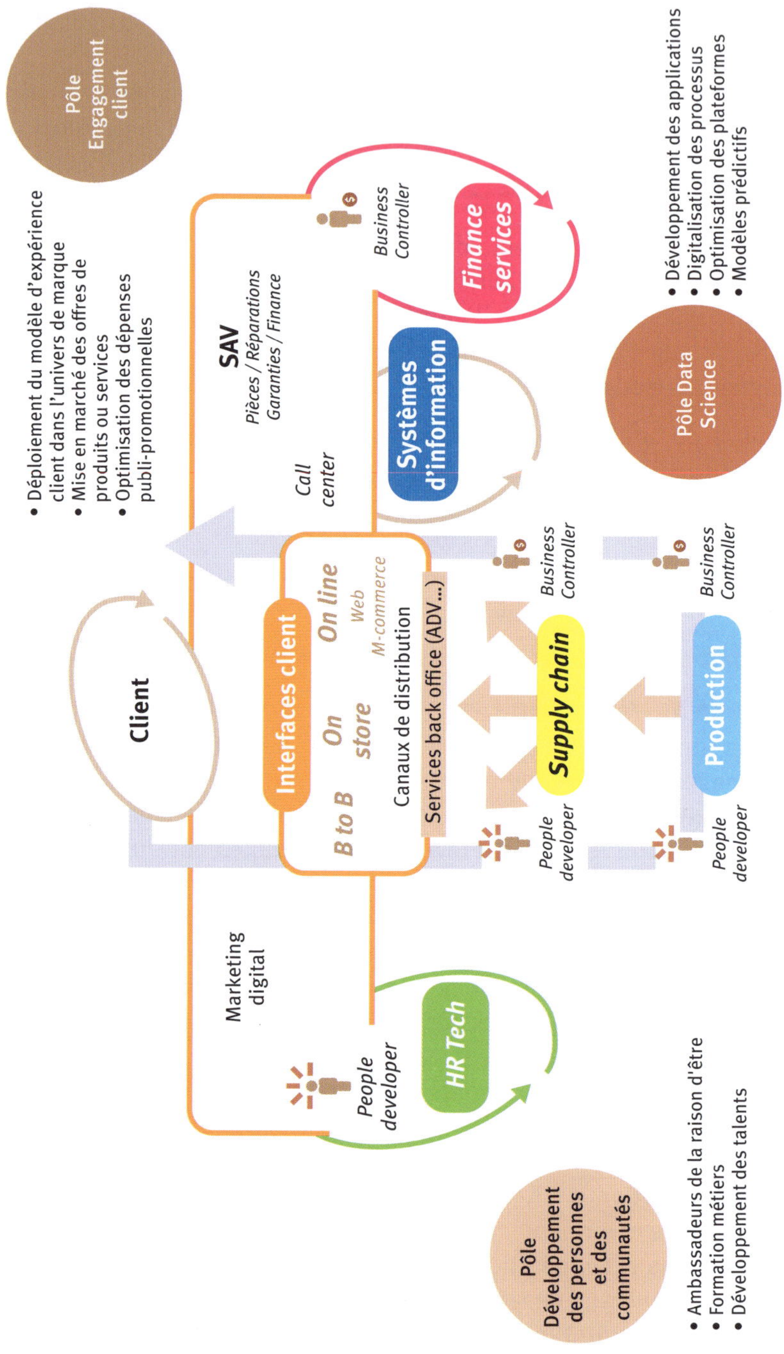

Figure 18.2 Les principales interfaces d'interface client

Points critiques

- Modes de coopération entre le pôle Engagement client et l'entité interfaces client.
- L'ancrage d'une ligne de commandement homogène pour toute l'activité interfaces client dans un souci de convergence de l'expérience client et des parcours.
- La coordination des actions, ressources entre les réseaux et les différents canaux.
- La fluidité et la simplification des processus, des modes opératoires de la sphère interfaces client en coopération avec les autres entités (*supply chain*, production, SI, finances, RH).

Supply chain

Les enjeux : réactivité omnicanal, traçabilité, services ajoutés, optimisation des coûts.

Rôles

Développer une approche omnicanale avec le même niveau de service :

- Créer un ou des modèles *supply chain* compatible(s) avec une personnalisation client et une réactivité accrue.
- Être force de proposition au cours de l'évolution du parcours client dans la perspective d'une plus grande fluidité et intégrant plus de personnalisation des produits/services manufacturés.

Optimiser les coûts de distribution :

- Optimisation des plateformes de distribution.
- Approches renouvelées pour le « dernier kilomètre ».
- Recherche de prestataires à valeur ajoutée.

Assurer une traçabilité des produits de bout en bout :

- Dans la vérification de la conformité des produits en amont (origine, respect des pratiques éthiques et durables des productions ou de l'approvisionnement en lien avec les fonctions qualité).
- Dans le suivi rigoureux du processus de livraison afin de consolider le service apporté aux clients.
- Dans la mesure de la satisfaction client dans le cadre d'une démarche d'amélioration continue.
- Dans une filière de recyclage optimisée.

Intégrer les nouvelles technologies digitales dans les modes opératoires logistiques et *supply chain* dans la perspective de :

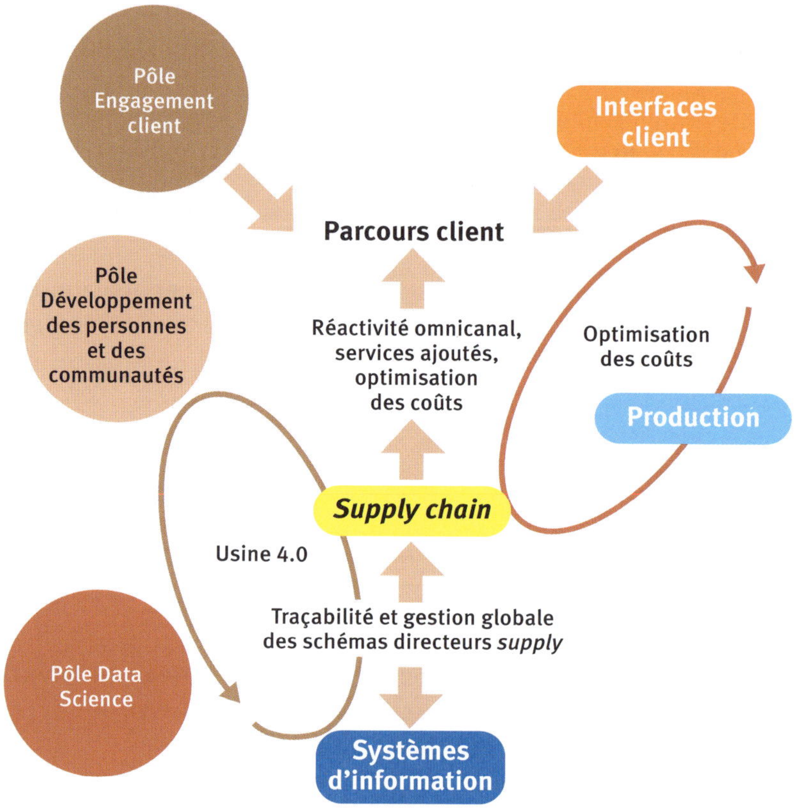

Figure 18.3 Les principales interfaces de la *supply chain*

- Prendre de meilleures décisions en s'appuyant sur les données.
- Automatiser certaines tâches.
- Enrichir l'expérience client.
- Développer la collaboration amont/aval (production-interfaces client).
- Réduire les coûts.
- Expérimenter des business models disruptifs (par exemple : livraison prédictive).
- Améliorer les modèles de prévision des ventes (diminution des stocks, réduction du temps de livraison...)

Modes de travail privilégiés et compétences associées

- Intégrer la centricité client comme fondement culturel pour tous les collaborateurs (salariés et prestataires).
- Fonctionner en équipes transverses/mode agile pour le déploiement de l'expérience client (avec l'équipe interface client).

- Construire des relations de partenariat durable avec les prestataires sur la base de critères élargis (économiques et sociétaux).
- Aider les équipes en place à progresser et se transformer face aux nouveaux modèles de distribution.
  - Adapter les programmes de formation, et attirer de nouveaux talents.
  - Intégrer les compétences digitales associées (IA sur le prédictif...).
- Développer la responsabilité au regard de la santé et de la sécurité des opérateurs (réduction de la pénibilité du travail et des risques d'accidents) et de la protection de l'environnement (réduction de l'empreinte carbone).

Points critiques

- Coopération avec les équipes interface client pour l'amélioration continue des parcours client.
- Intégration de la centricité client comme vecteur fondamental de performance de l'entreprise et de l'entité *supply chain*.
- Réactivité et personnalisation au moindre coût.
- Conformité sociale des prestataires.

Production

Les enjeux : flexibilité, compétitivité, innovation, usine 4.0, organisation inclusive.

Rôles

Adapter l'outil productif au renouvellement des demandes des marchés :

- Vers la personnalisation de masse.
- Production au plus près des marchés.
- Qualité et traçabilité renforcées des produits.
- Développement de nouveaux produits et services innovants et technologiques orientés besoins et usages du client final (design, co-innovation).
- Connexion au client final (par exemple : suivi en temps réel du produit en production par le client).

Gagner en compétitivité et en flexibilité, vers l'usine 4.0 :

- Automatisation des processus et procédés de fabrication en relation avec les nouvelles technologies (*3D printing*, automatisation...) ou les nouveaux matériaux.
- Mise en place de systèmes de production flexibles, adaptatifs et cognitifs (usine intelligente) pour s'adapter à la variabilité des produits, des volumes et raccourcir les délais de fabrication.

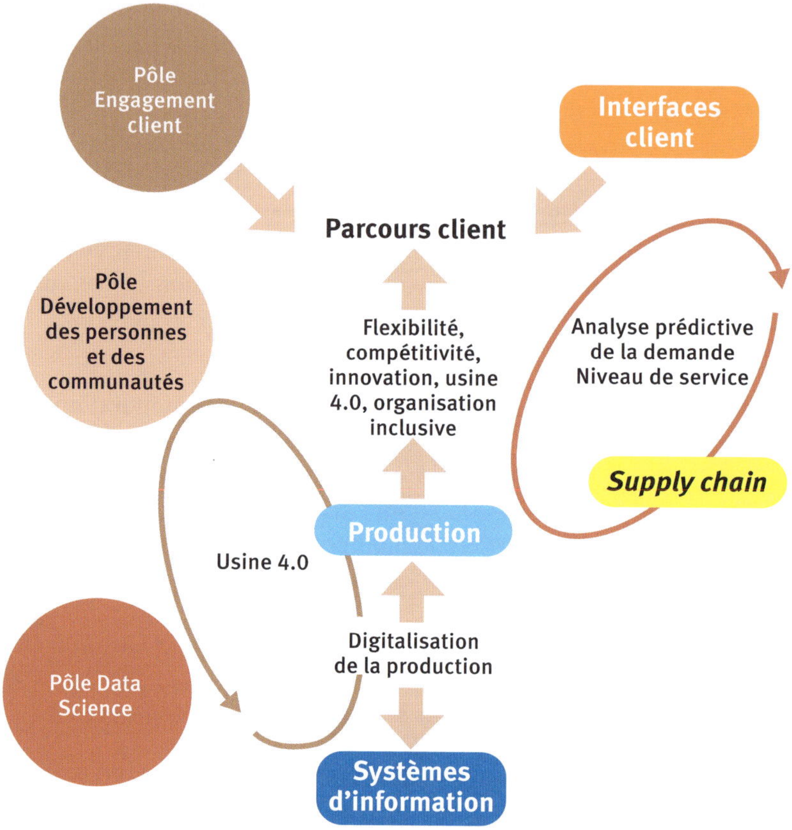

Figure 18.4 Les principales interfaces de la production

- Déploiement de l'excellence industrielle sur l'ensemble de la chaîne de valeur.
- Développement de l'engagement des collaborateurs : responsabilisation, partage du sens, marge de liberté, qualité du management, coopération renforcée avec les prestataires.

Promouvoir des organisations inclusives :
- Responsabilisation et autonomisation des personnes : îlots de production, réseau de salariés qualifiés, communautés d'expertise et de pratiques.
- Développement de l'employabilité et évolution des compétences associées au développement du digital (Big Data...)
- Réduction de la pénibilité (exosquelette, par exemple), prévention des risques accidents.
- Diminution de l'empreinte carbone des écosystèmes industriels.

Modes de travail privilégiés et compétences associées

- Usines disposant d'une large autonomie (centre de profit), en capacité de décision et en interrelation étroite avec les autres entités, dont l'interface client.
- Organisation des ateliers en îlots d'organisation responsabilisés.
- Expérimentation des nouvelles technologies numériques sur des ateliers et ligne pilote.
- Déploiement adapté des approches lean et des nouvelles méthodes de conception.
- Hiérarchie horizontale.
- Attraction des talents sur les compétences critiques : produits, process, technologies.
- Évolution en permanence des modes de fonctionnement en fonction des contraintes de l'environnement et des demandes du marché (souplesse des régimes horaires, par exemple).

Points critiques

- Évolution des processus de développement et d'industrialisation.
- Anticipation des emplois et des prévisions de compétences.
- Mondialisation des schémas industriels et autonomisation des usines.
- Négociation avec les partenaires sociaux sur l'organisation du travail et le développement des compétences.

Développement des personnes, *HR Tech*

Les enjeux : ancrage de la raison d'être de l'entreprise, développement de l'engagement des collaborateurs, génération des talents, accompagnement de la transformation.

Rôles

Déployer une politique de développement des personnes et des communautés congruente avec la raison d'être de l'entreprise :

- Porter la raison d'être et la stratégie de transformation de l'entreprise auprès de la ligne managériale, des salariés, des collaborateurs externes et des territoires.
- Négocier et mettre en œuvre le contrat social au plus près des réalités opérationnelles.
- Attirer et faire émerger tous les talents.

Ancrer le développement des personnes au cœur des équipes opérationnelles :

- Satisfaire les besoins des managers en matière de ressources et de besoins de compétences : recrutement, *free-lances*, formation, mobilité.
- Écoute collaborateurs et mise en œuvre de modalités innovantes, de développement des personnes : employabilité, montée en compétences, parcours de développement professionnel.
- Accompagnement des évolutions d'organisation et conduite du changement.
- Dynamisation de l'engagement des personnes et des équipes.

Accélérer la digitalisation des pratiques ressources humaines et la recherche de l'excellence opérationnelle :

- Mutualisation des activités transactionnelles, digitalisation des processus RH.
- Mise en place de plateformes d'échanges des pratiques professionnelles et de formation.
- Déploiement de l'expérience collaborateur.
- Expérimentation de modèles prédictifs RH : talents, sécurité, absentéisme.
- Déploiement des tableaux de bord RH sur quelques indicateurs clés.

Modes de travail privilégiés et compétences associées

- Des responsables développement des personnes (*people developer*) en lien direct avec les managers opérationnels.
- Regroupement au sein de *HR Tech* de l'ensemble des activités transactionnelles, des solutions/services/outils RH et des compétences et expertises digitales (*data scientist*, *analyst*, expert digital RH).
- Mode d'organisation du centre *HR Tech* par grands processus et en mode agile pour les projets de développement.
- Animation par le responsable *HR Tech* des *people developer* (structuration des communautés de pratiques, benchmark des performances et des résultats).
- Le responsable *HR Tech* est membre du comité de direction des opérations et représente globalement la fonction développement des personnes et des communautés.
- Production par *HR Tech* des tableaux de bord permettant d'échanger en toute transparence sur les résultats en matière d'engagement des collaborateurs, de génération de talents, de confiance managériale.

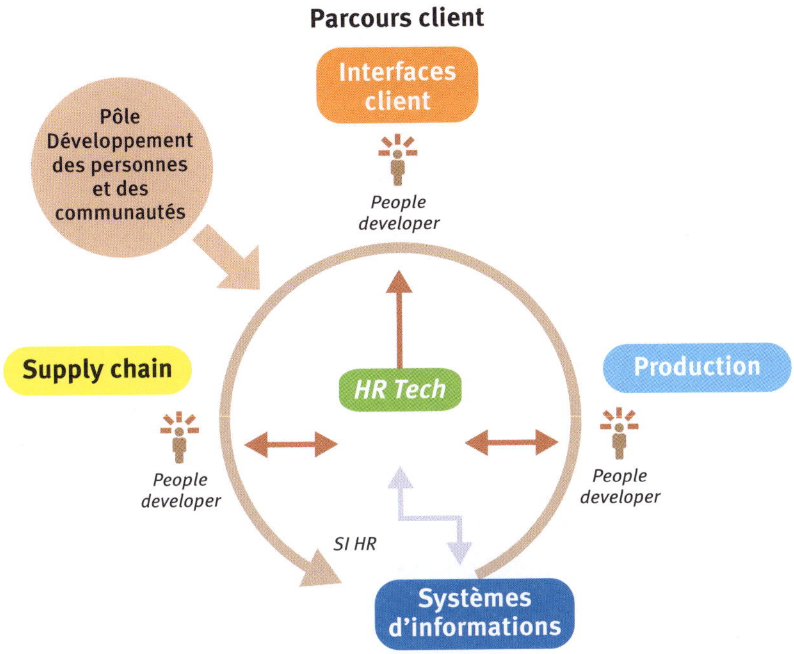

Figure 18.5 Les principales interfaces de *HR Tech*

Points critiques

- Coordination des professionnel RH éclatés entre un *front* (*People developer*), un *back* (*HR Tech*) et un central Développement des personnes et des communautés.
- Des responsables développement des personnes dépendant hiérarchiquement des managers opérationnels.
- Complexité à faire évoluer les systèmes d'information et à développer de nouvelles applications RH (problèmes de ressources et de temps).
- Poids et influence du consommateur global *HR Tech* au comité de direction des opérations.

Finance

Les enjeux : une politique financière alignée sur l'ambition de l'entreprise, pilotage de la performance, maîtrise des risques.

Rôles

Déployer une politique financière alignée sur l'ambition et les objectifs de l'entreprise :

- Fournir en temps réel une vision actualisée en permanence à court et moyen termes de la profitabilité et de la génération de *cash-flow* de l'entreprise.
- Optimiser les levées de capitaux, le coût de la dette, la politique de change.
- Piloter les projets d'acquisition, de fusion et de désinvestissement.
- Développer les relations investisseurs et autres parties prenantes.

Animer le pilotage de la performance financière :

- Accompagnement et challenge des opérationnels sur leurs résultats.
- Mise en œuvre de nouvelles méthodes de pilotage.

Digitaliser les processus et automatiser les transactions :

- Dématérialisation.
- Expérimentation IA et robotique sur les activités transactionnelles.
- Élaboration de modèles prévisionnels de performance et rentabilité (cas d'usage et *analytics*).
- Réactivité, efficacité et pertinence de l'information financière et des indicateurs de performance : systématisation des tableaux de bord et outils de pilotage.

Maîtriser les risques et animer le contrôle interne :

- Audit des processus.
- Revue des risques.
- Surveillance des pratiques.

Modes de travail privilégiés et compétences associées

- Fonctionnement en binôme directeur des Opérations/CFO pour le pilotage de la performance globale et la maîtrise des risques.
- Animation par le CFO des *business controllers* des autres pôles.
- CFO membre du Comex mais sans fonction financière *corporate* structurée (pour les grands groupes multi-métiers et internationalisés, possibilité d'une fonction CFO groupe centrée sur la politique financière et les relations investisseurs).
- Fonctionnement en mode projet pour les opérations d'acquisition de fusion et grands programmes de réduction de coûts.

- *Business controllers* au cœur des équipes opérationnelles des entités avec un reporting fonctionnel auprès du CFO et s'appuyant sur le centre de service pour la production des tableaux de bord, la mise en place des processus et des modalités de contrôle interne.
- Centre de services et d'expertise (*finance services*) organisé par grands domaines d'activités focalisé sur l'efficience, la réactivité et le service : comptabilité, production des états financiers, consolidation, expertise fiscale et juridique, contrôle interne et maîtrise des risques, *cash management* et financement.
- Procédures formalisées de contrôle interne partagées avec les opérationnels.

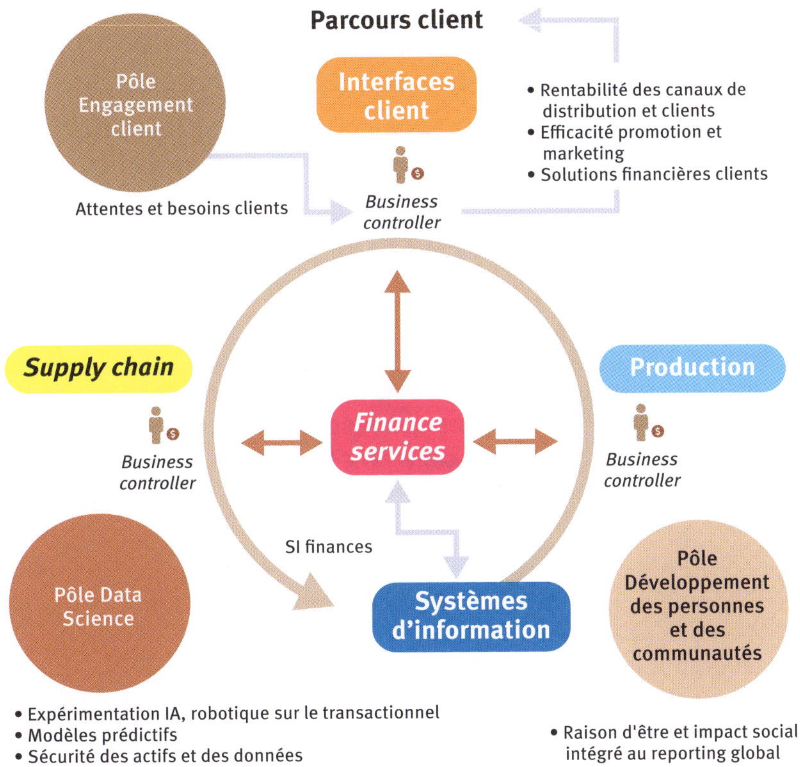

Figure 18.6 Les principales interfaces de *finance services*

Points critiques

- À la différence des autres pôles, maintien d'un mode d'organisation fonctionnel avec un rôle de CFO, garant de la cohérence financière globale de l'entreprise.

- Nécessité de fluidifier, simplifier les procédures en gardant un contrôle interne fort et une gestion des risques processés.
- Résistance à la digitalisation accélérée des processus transactionnel (comptabilité...) :
  - accompagnement de la montée des compétences,
  - employabilité des personnes.
- Complexité à faire évoluer les systèmes d'information et de gestion (problèmes de ressources et de temps).
- Mise en place d'une démarche d'écoute et de questionnement des opérationnels sur leurs attentes en termes de pilotage de la performance.

Systèmes d'information

Les enjeux : agile, sécurisé, fournisseur de services digitaux *best in class*, pionnier dans les expérimentations des technologies numériques.

Rôles

- Accompagner les évolutions d'architecture SI en pilotant les investissements (Capex) et en maitrisant les coûts (Opex) :
  - nouveaux modèles liés au cloud,
  - évolution en fonction des besoins métier et client.
- Montée en compétences et en ressources sur la donnée :
  - collecte et mise en forme des données pour la base centrale,
  - développement des cas d'usage avec les métiers,
  - correspondant protection des données pour la direction des opérations.
- Co-construire en mode agile avec les autres entités, les nouvelles applications client, partenaires, collaborateurs.
- Assurer une cyber-sécurité efficace :
  - élaboration et animation des politiques de sécurité,
  - expertise et audit pour renforcer les protections.
- Délivrer support et assistance utilisateur dans le respect des standards : délai qualité, coûts en accroissant la création de valeur pour les utilisateurs.

Modes de travail privilégiés et compétences associés

- Mode de fonctionnement agile pour les projets de développement (nouvelles applications, cas d'usage) avec la mise en place des nouveaux métiers et des nouveaux modes de fonctionnement (coach, *scrum master*, *product owner*,...).

- Conduite de projets complexes pour les évolutions d'architecture et les systèmes de cyber-sécurité.
- Animation des communautés professionnelles : *data scientists, data analyses, tribes : product owner, coach, scrum master.*
- Développement des compétences en conduite du changement, *design thinking*.

Points critiques pour les SI

- Attraction et rétention des talents SI sur des compétences critiques.
- Vitesse de basculement en mode agile des équipes.
- Articulation avec le pôle Data Science en central sur la collecte, la valorisation des données et les cas d'usage.
- Interaction et mode de coopération avec les partenaires de l'écosystème.

19

L'enjeu de la gouvernance

La prépondérance du pôle Opérations en responsabilité pleine et entière du déploiement de l'expérience client, de la croissance des ventes et de réalisation des objectifs financiers pose un problème d'équilibre et de gouvernance. Le risque existe d'un pôle Opérations hégémonique, cloisonnant les activités, et cantonnant les trois pôles centraux à des rôles purement stratégiques, sans ancrage avec les réalités opérationnelles.

Comme nous l'avons souligné tout au long de la présentation des activités, les interrelations entre les pôles sont nombreuses et tout particulièrement entre le pôle Opérations et les autres pôles.

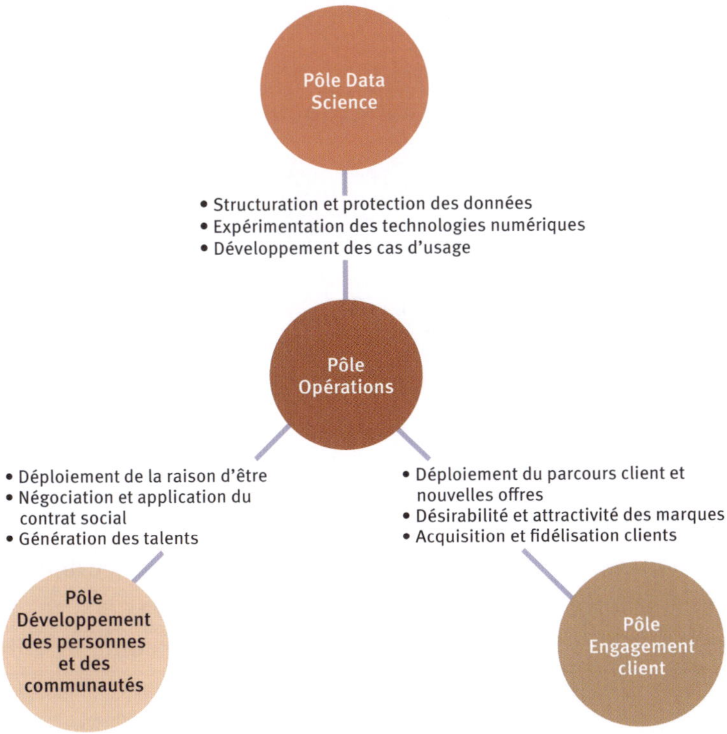

Figure 19.1 Interrelations principales des quatre pôles

Des processus transverses organisent cette coopération inter-pôles pour la chaîne de valeur client (exemple : processus « élaborer et déployer l'expérience client »), la maîtrise des ressources critiques (processus data, gestion des talents) ou encore le suivi du degré d'adhésion des personnes et des équipes (exemple : processus « développer et mesurer le niveau d'engagement »).

Le processus « planifier et contrôler » (voir Figure 19.2) est particulièrement critique car il concerne l'élaboration de la stratégie, les décisions d'investissements et le pilotage des résultats. Il nécessite une attention toute particulière. Selon les sensibilités et la culture d'entreprise les lignes de partage et de reponsabilités peuvent varier. En tout cas, il est fondamental que les quatre pôles élaborent ensemble la stratégie, pilotent les grands projets d'investissement (data, industrie 4.0, pouvoir des marques...), échangent et se challengent sur la base de tableaux de bords des grands indicateurs de performance (niveau satisfaction client, niveau d'engagement, performance financière ou rentabilité par grands canaux de distribution).

Animation du processus planifier-contrôler entre les quatre pôles

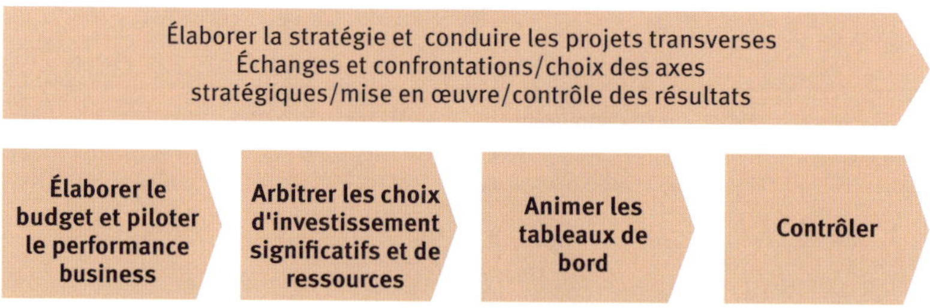

Figure 19.2 Animation du processus planifier-contrôler entre les quatre pôles

Pour favoriser le processus de décision, impulser la transformation et piloter la mise en œuvre de la stratégie, un comité exécutif restreint rassemble le directeur général et les responsables des quatres pôles ainsi que le CFO (*chief financial officer*). Dans une configuration de groupe plus internationalisé ou multi-métier, le comité exécutif est élargi aux patrons des grandes régions ou des lignes métiers.

Pour ces groupes multi-métiers et très internationalisés, les pôles Data Science, Engagement client, Développement des personnes et des communautés seront démultipliés au niveau des régions avec un rattachement à définir : soit auprès du patron de régions, soit auprès des responsables de pôle en central.

Au-delà de cette répartition des rôles et responsabilités au sein des équipes dirigeantes, le problème de la gouvernance de l'entreprise se pose de façon plus large avec, bien évidemment, la nature des relations avec les actionnaires, mais également avec les autres parties prenantes. Le projet de loi « Pacte » reconnaît pour la première fois l'existence de l'entreprise en tant que telle comme un projet collectif à côté du droit des sociétés.

Dès lors les entreprises qui souhaiteraient s'engager vers l'expression d'une finalité, d'une raison d'être, en optant ou non pour un statut d'entreprise à mission, se doivent d'imaginer une autre gouvernance que celle réduite au conseil d'administration représentant les actionnaires et les dirigeants.

La répartition des pouvoirs et des rôles entre les actionnaires, les dirigeants et de nouveaux acteurs comme les parties prenantes ou des organismes en charge de la certification reste à inventer.

Conclusion : Manifeste pour une nouvelle architecture d'entreprise

Dans un environnement géopolitique, social et économique de plus en plus instable, les entreprises sont confrontées au double défi de délivrer des résultats à court terme, tout en inventant leur modèle social et économique de demain.

Les incantations pour une entreprise plus agile, un leadership plus authentique ne suffiront pas comme seuls catalyseurs de la transformation. Les dirigeants d'entreprises, les managers n'échapperont pas à une réflexion en profondeur sur le design de leur organisation : comment adapter leurs structures (et pas uniquement les structures centrales), comment favoriser des modes de coordination coopératifs, comment générer une dynamique de création de valeur sociale et sociétale par un cadre organisationnel approprié ?

Nous espérons, par cet ouvrage, avoir contribué à poser un cadre de réflexion et à esquisser des pistes pour une architecture nouvelle de l'entreprise qui dépasse les modèles convenus de la structuration métier, fonctionnelle, des modes de fonctionnement matriciels et des fonctions support *business partner*. Une nouvelle ère s'ouvre pour le développement d'un design organisationnel réellement socio-technologique, servant la raison d'être de l'entreprise et créateur de performance durable. C'est dans cette perspective que le travail en entreprise pourra alors être réinventé vers plus de liberté et d'épanouissement des personnes et des collectifs.

A l'instar de la révolution qui s'est opérée dans le monde des systèmes d'information et de la Tech, nous appelons à un manifeste pour une nouvelle architecture d'entreprise qui reste à construire et à populariser. Dans l'attente, expérimentons, échangeons sur les configurations organisationnelles de demain qui concilient progrès social, sociétal et efficacité économique.

Rejoignez-nous sur le groupe LinkedIn « pour une nouvelle architecture d'entreprise » en suivant le lien https://www.linkedin.com/groups/ 12173362/.